MANUEL DU SOLDAT,

contenant

1º Un Dialogue Militaire ;

2º Un Abrégé de Cosmographie ;

3º L'École du Soldat.

SUIVI DE DIVERSES INSTRUCTIONS

Relatives aux fusils percutans,

par

P. A. F. BLOT,

Chevalier de la Légion-d'Honneur.

Prix : 30 c. broché, et 40 c. cartonné.

A PARIS, CHEZ BLOT,

IMPRIMEUR LITHOGRAPHE POUR L'ART MILITAIRE,

Place de l'Hôtel-de-Ville, 33.

DÉPOSÉ 1843.

PERSONNAGES.

MM. **Launir,** anc. offic. au 85ᵉ de ligne (empire), capit. de la garde natio-
nale de Paris.

Gunid, cap. de grenadiers au 40ᵉ de lig.

Ronilb, voltigeur   id.

Blandou, jeune soldat   id.

Mᵐᵉ **Gunid,** cantinière audit régiment ; tous
les quatre à la caserne du Foin
Saint-Jacques, à Paris.

Paris. — Imprimerie de BEAULÉ, rue François Miron, 8.

INTRODUCTION.

Les réglemens militaires sur le service des armées en temps de paix et en temps de guerre, ont attribué aux Officiers, Sous-Officiers, Caporaux ou Brigadiers des corps, des Instructions qui leur sont propres et créées spécialement à cet effet. Toutefois il n'a point paru pour le soldat, d'autre ouvrage qui lui soit personnel, que son livret, sur lequel sont portés ses effets d'habillement, d'équipement et d'armement, ainsi que sa masse indivi-duelle ; mais ce livret est dépourvu des choses relatives à son instruction militaire. Il n'apprend donc de cette instruction, que ce qu'il en reçoit verbalement de ses chefs, au moment des exercices. Cela ne paraît pas suffire: on a pensé qu'un petit opuscule, dans lequel serait l'*École du Soldat* surtout, lui serait à la fois utile et profitable pour le diriger avec fruit vers son avancement. D'ailleurs ce recueil a déjà été reconnu efficace dans plusieurs corps, puisque les Chefs ont autorisé les militaires qui suivent les écoles régimentaires à se le procurer. On espère que le motif qui a guidé l'auteur d'établir ce petit opuscule, sera favorablement apprécié de l'armée.

MANUEL DU SOLDAT.

DIALOGUE.

Blandou. — Bonjour, voltigeur.

Ronilb. — Bonjour, camarade...

Blandou — Vous ne me reconnaissez pas, voltigeur.

Ronilb. — Je ne pense pas avoir cet avantage.

Blandou. — Regardez-moi un peu.

Ronilb. — Non, vraiment, si je vous ai connu, je ne vous remets pas.

Blandou.—Ecoutez-moi. , je suis de Janville, département d'Eure-et-Loire.

Ronilb. — Et vous vous appelez ?

Blandou. — Blandou.

Ronilb. — Blandou... ab! vous êtes le fils de Jean-Baptiste Blandou, de Janville ; j'y suis parfaitement à présent...... eh bien ! camarade, nous sommes pays, car je suis de Bazoches-les-Hautes, même département.

Blandou. — Je le sais, vous avez nom Ro

uilb...... à propos, avant de quitter le pays, j'ai été voir ma cousine Marie Narder, à Bazoches, et j'ai passé chez vos parens... votre mère m'a dit de vous faire bien des complimens, et elle m'a remis pour vous... voyez vous ça.

Ronilb. — Une bourse!

Blandou.—Juste... ça ne se refuse pas, ça.

Ronilb. — Jamais... ah! la bonne mère... que de reconnaissance je lui dois. C'est bien utile une mère, et je suis sûr que la votre...

Blandou.—Hélas! mon camarade, je ne l'ai connue que peu, elle est morte.

Ronilb. — Alors, parlons d'autre chose.

Blandou. — Ah ça, mon ancien, peut-on vous proposer de prendre quelque chose.

Ronilb.—Ça ne se refuse pas encore, ça.

Blandou. — Où allons-nous? voulez-vous sortir?

Ronilb. — Ce n'est pas la peine camarade, allons à la cantine, nous serons là, en connaissance.

Blandou. — Comment cela?

Ronilb.—Oui, chez madame Gunid, son mari, caporal de grenadiers est du pays, de Brandelon, hameau de ma commune.

Blandou. — Eh bien! allons chez madame Gunid, je suis bien aise de voir des compatriotes.

Ronilb. — Venez... (*Ils entrent tous deux*

à la cantine). Bonjour, madame Gunid, ça va toujours bien ?

Mme GUNID. — Mais oui, tout doucement, mon garçon.

RONILB. — Madame Gunid, je vous présente un pays.

Mme GUNID. — Ah! ce jeune homme est de Brandelon.

BLANDOU. — Non, madame, pas précisément, mais tout près.

Mme GUNID. — Ah! ça, mes enfans l'commerce, d'abord... puis après nous causerons, qu'est-ce qu'il faut vous servir?

RONILB. — Un litre à 12, et du bon, mère Gunid, n'est-ce pas, Blandou...

BLANDOU. — Certainement, voltigeur.

Mme GUNID. — J'vas vous donner ça...

BLANDOU (*à Ronilb*). — Elle a l'air d'une brave femme...

RONILB. — L'air et la chanson... c'est le cas de le dire.

Mme GUNID. — V'la, mes enfans, et du ch'nu, maintenant, d'où est c'camarade là... faisons connaissance.

BLANDOU. — Avec plaisir, madame.

RONILB. — Il est de Janville, il se nomme Blandou.

Mme GUNID. — Est-ce que c'est l'garçon à maît' Blandou l'boulanger, par hazard, Ah! mon enfant, j'connaissons ben vot' père, il nous fournissait not' pain, quand j'sous allés passer queuque temps par-là au pays, dans l' temps d' la Saint-Martin.

Ronilb. — Allons, Blandou, à votre santé.

Blandou. — A la vôtre, voltigeur... madame...

Mme Gunid. — Merci, mon garçon... tenez, j'suis ben fâchée que mon homme soit sorti, ben sur, ça y aurait fait plaisir, à ce pauvre Gunid, de vous voir.

Blandou. — Ce sera pour une autre fois.

Mme Gunid. — C'est ça.

Ronilb. — Mon cher pays, vous me paraissez être un bon garçon, je désire être votre ami.

Blandou. — Vous ne pouvez me faire de proposition qui me soit plus agréable, j'accepte de bon cœur.

Ronilb (trinquant). — Alors, à ta santé, mon ami, et à la continuation de notre mutuelle amitié.

Blandou. — Entre nous, à la vie, à la mort.

Mme Gunid. — C'est ben, més enfans, c'est très ben, et vous avez raison, car voyez-vous, il faut d'l'union dans vot'position. Rien n'est tel qu'un véritable ami, il partage nos joies et nos peines, il donne des consolations, des espérances, heureux quand nous l'sommes ; l' sincère ami est aussi triste quand sur not' front il croit lire la tristesse, et, mes enfans, il y a dans ct'e fraternité une ben douce satisfaction.

BLANDOU (*prétant l'oreille*). — Qu'est-ce que l'on entend?

RONILB. — Ah! tu n'es pas encore fait à tout cela... c'est la retraite, il faudra nous quitter tout-à-l'heure pour nous rendre à l'appel.

BLANDOU. — Madame Gunid, voilà un franc, payez-vous?

Mme GUNID. — Voilà huit sous... je vous remercions ben; quand ça vou f'ra plaisir, vous connaissez maintenant l'chemin d' la cantine...

BLANDOU. — Oui, madame, nous viendrons vous revoir.

RONILB. — Tu ne fais que d'arriver, mon ami Blandou, tu n'es pas de garde demain; quant à moi je la descends aujourd'hui.

BLANDOU. — Non, je suis libre demain... car je ne suis habillé que d'hier, et le sergent-major m'a dit que je ne la monterais pas avant 15 jours.

RONILB.— Eh bien! nous serons donc libres tous deux, si tu veux, nous irons voir un de nos pays, un brave et excellent homme.

BLANDOU. — Qui donc?

RONILB.— Monsieur Launir, de Bagneaux, tu dois le connaître?

BLANDOU. — Non, mais j'en ai entendu parler avec avantage, on m'a toujours dit de lui beaucoup de bien, et je serais charmé de faire sa connaissance.

RONILB. — Soit... tu viendras demain me trouver à ma chambre, comme aujourd'hui.

BLANDOU. — Oui, mon ami, mais à quelle heure ?

RONILB. — Aussitôt après l'appel de dix heures et demie.

BLANDOU. — C'est entendu, à demain.

RONILB. — A demain.

(*Ils se serrent la main, et se quittent*).

(Le lendemain Blandou va trouver Ronilb à l'heure indiquée).

BLANDOU. — Bonjour mon cher compatriote.

RONILB. — Salut, mon ami Blandou... je l'attendais.

BLANDOU. — Alors tu es prêts à partir?

RONILB. — Oui, quand tu voudras.

BLANDOU. — Alors, viens.

(Ils quittent tous deux la caserne du Foin, et se dirigent chez M. Launir).

BLANDOU. — Monsieur Launir, demeure-t-il loin d'ici?

RONILB. — Non, il habite à côté, rue de la Harpe, 22.

BLANDOU. — Quelle est sa profession?

RONILB. — Il est chef de bureau dans une administration des hospices, et capitaine de la garde nationale.

BLANDOU. — Pour occuper de tels emplois, il doit jouir d'une grande considération dans le public.

Ronilb. — Tous ceux qui le connaissent lui portent une estime bien méritée, car c'est un homme dont la carrière militaire a été fort honorable, et dont la vie privée a été pure et sans taches... d'ailleurs tu vas le voir, car nous voilà arrivés.

(Ils se présentent tous deux chez M. Launir.)

Ronilb (*entrant le premier*).— Bonjour, monsieur Launir; comment vous portez-vous?

M. Launir. — Bien, et toi, mon garçon ?

Ronilb. — Je vous remercie, monsieur, veuillez me permettre de vous présenter un de nos compatriotes.

M. Launir. — Ainsi que toi, Ronilb, qu'il soit le bien venu.

Blandou. — Monsieur, je vous remercie infiniment.

M. Launir. — De quel endroit est monsieur, et comment se nomme-t-il?

Ronilb. — Il est de Janville, c'est le fils à M. Blandou.

M. Launir. (à *Blandou*).— Je connais votre père, mon garçon, il a servi au 120e de ligne comme sergent-major, et il a été pensionné pour une blessure à la jambe.

Blandou. — Oui, monsieur, c'est la vérité.

M. Launir. — Comment se porte votre père?

BLANDOU. — Monsieur, il se portait bien a mon départ.

M. LAUNIR. — Tant mieux, mon ami, j'en suis bien aise ; quand vous lui écrirez, vous lui ferez mes sincères complimens.

BLANDOU. — Vous êtes bien bon, monsieur, je vous remercie, je n'y manquerez pas.

M. LAUNIR. — Comment vous trouvez-vous dans votre nouvel état ?

BLANDOU. — Mais, monsieur, je suis encore bien novice, et je n'ai pas eu le temps de m'y ennuyer.

M. LAUNIR. — Vous savez, il y a certain proverbe qui dit : tout nouveau tout beau.

BLANDOU. — C'est vrai, monsieur, j'espère pourtant qu'il ne pourra pas s'appliquer à moi, car, tout jeune que je suis, je prévois qu'avec de la soumission, de la persévérance et de la résignation, je finirai par m'y accoutumer... que voulez-vous?.... appelé par le sort, si j'y suis mal, je n'aurai rien à me reprocher... il faut suivre la destinée qui nous est tracée, sans murmure, sans plainte... je le ferai, monsieur... dans la vie civile j'ai fait mon devoir le plus consciencieusement que j'ai pu, dans la carrière militaire, je ferai ce qui dépendra de moi pour qu'il en soit ainsi.

M. LAUNIR. — Bien, mon garçon! . voilà parler, et c'est ce que j'attendais d'un compatriote... avec de tels sentimens vous ne resterez pas long-temps simple soldat... car le langage que vous tenez, prouve que vous avez dû recevoir de l'éducation...

BLANDOU. — Monsieur, j'ai fait quelques études au collége d'Eure-et-Loire, où mon père ne put me tenir que pendant un certain temps.

M. LAUNIR. — Eh bien! mon ami, avec votre instruction et celle que vous acquerrez bientôt dans votre nouvel état, vous ferez un officier, et certes avant peu d'années.

BLANDOU. — Oh! monsieur, je n'ai pas la prétention d'aller si vite, et pour le moment je ne désire qu'une chose : acquérir les connaissances de mon nouvel état pour en remplir dignement les devoirs.

M. LAUNIR. — Très-bien! mon jeune ami, je vous le répète, continuez à persévérer dans de pareilles intentions, et je vous le garantis, le succès couronnera vos nobles efforts... mais toi? Ronilb, tu ne dis rien, as-tu reçu des nouvelles du pays?

RONILB. — Oui, monsieur, j'en ai reçu par le camarade Blandou, qui m'a appris que tous mes parens étaient en bonne santé, et qui m'a remis de la part de ma bonne mère, quatre belles pièces de cinq francs, auxquelles je n'ai point encore touché.

M. LAUNIR. — Il ne faut pas les dépenser mal à propos, mon ami, car je suis convaincu que ta mère s'est fait des privations pour t'envoyer cette petite somme... il faut avant tout, acheter avec cet argent, ce qui est nécessaire à ton entretien, et quelques livres pour ton instruction militaire.

Ronilb—Vous avez raison monsieur Launir.

Blandou. — Pardon, monsieur, voulez-vous bien me permettre de vous demander quelques conseils, car, ainsi que me l'a dit Ronilb, ayant servi sous l'empire et depuis, vous êtes à même de nous dire ce qu'il nous faut faire pour remplir les devoirs de notre état?

M. Launir.—Oui, mon ami, avec beaucoup de plaisir. Je ne m'étendrai pas sur ce que vous devez apprendre dans le cours de votre carrière militaire, si elle doit être longue, car je ne prétends pas en avoir aujourd'hui les capacités ; car, voyez-vous, mes amis, je ne suis plus ce que j'étais autrefois, le temps passe et il entraîne chaque jour avec lui, un souvenir du passé, une partie de nos forces; et puis, mes occupations ont changé, aussi vous comprendrez facilement, que j'ai un peu oublié ce que je savais autrefois. Je me bornerai à vous signaler les premiers devoirs, que vous aurez à remplir. Ceux-là, mes amis vous serviront de base pour tous les autres, et, avec de l'aptitude, de la conduite, du goût et de la bonne volonté, vous surmonterez facilement tous les obstacles que vous pourrez rencontrer.

Blandou. — Soyez assuré, monsieur, que je suivrai à la lettre les bons avis que vous voudrez bien me donner.

Ronilb —Et moi aussi, monsieur Launir.

M. Launir. — Allons, mes amis, je vais vous dire ce que l'on m'a appris à moi-même en entrant au service, et je puis vous assurer, sans vanité, que cela m'a toujours servi de règle de conduite dans le cours de ma carrière militaire, et je m'en suis toujours bien trouvé... Ecoutez-moi, je vous parlerai d'abord des devoirs que le soldat a à remplir pour lui-même, c'est-à-dire pour tout ce qui concerne son habillement, son équipement, ses armes, car mes amis, une des qualités nécessaires au soldat, c'est la propreté qui doit toujours régner avec une excessive rigueur : soyez propres sur vous, autour de vous, partout... et l'on doit dire cela à tous les soldats, dans leur intérêt, car, vous allez facilement me comprendre ; là où la propreté ne règne pas, il y a insalubrité. Il faut toujours avoir soin de plier vos effets ; de les placer avec ordre dans le sac, de les tenir dans un état constant de propreté. En somme, ayez soin de vos armes, de votre équipement, de vos effets de linge et de chaussure, ne vendez jamais aucun effet, quand même ce serait du linge, ou de la chaussure, que vous payez pourtant sur votre masse, ayez toujours votre sac au complet, ne vous défaites jamais d'aucun effet, quand même il serait hors de service, sans en avoir prévenu votre caporal...... il faut apprendre à connaître par leurs noms, toutes les parties de vos effets, de vos armes, il faut étudier à démonter et à remonter votre fusil, et à connaître toutes les pièces qui le composent. Maintenant mes amis, rappelez-vous bien ce que je vais vous dire : Le soldat ne doit jamais oublier qu'il n'est que le dépositaire de tout ce qu'il a en son nom, quoique bien des choses lui appartiennent, il en doit toujours compte à l'état; et il est de son devoir d'apporter à la conservation de tout ce qui lui est confié, les mêmes soins, et les mêmes précautions que si ces objets lui appartenaient en propre.

Voici, mes amis, les notions préliminaires sur les soins particuliers que vous devez apporter à votre butin, des observations beaucoup plus minutieuses et plus étendues viendront ensuite.

Parlons maintenant des devoirs du soldat en général, des devoirs considérés dans le point de vue de la moralité, et la première chose mes amis, la chose la plus importante, c'est la discipline. Elle fait la force de l'armée, car elle forme et consolide l'union des hommes entre eux, sans la discipline, l'armée est un corps sans âme, sans énergie, sans force.

Qu'est-ce que la discipline ? c'est l'obéissance partout, c'est l'ensemble des droits respectifs du supérieur envers l'inférieur, et réciproquement. Ainsi les lois et les réglemens militaires prescrivent que tout supérieur trouve dans ses subordonnés une obéissance absolue, et que tous les ordres donnés par le supérieur à l'inférieur soient exécutés sans hésitation ni murmure; mais aussi, si l'inférieur a ses devoirs, le supérieur a aussi les siens. Jamais ce dernier ne doit se permettre envers ses inférieurs aucun geste, ni aucun propos tendant à les injurier. Le Roi entend que la subordination soit graduelle, et que la stricte exécution de ses règles en écartant l'arbitraire, maintienne chacun dans ses droits, dans ses devoirs; ainsi, le soldat doit obéir au caporal, le caporal au fourrier, le fourrier au sergent, le sergent au sergent-major, le sergent-major à l'adjudant, et l'adjudant aux officiers.

Indépendamment de cette subordination graduelle, le Roi prescrit qu'en tout ce qui concerne le service en général et l'ordre public, lorsque plusieurs sous-officiers du même grade, et du même corps, ou de divers corps, quelle que soit l'arme, se trouvent ensemble, la même obéissance eut lieu envers le plus ancien d'entre eux, de la part de ceux qui seraient moins anciens, comme si le premier avait le grade supérieur au leur, ou le rang qui l'y assimile.

Sa Majesté entend également qu'en toutes circonstances, même hors du service, l'inférieur se comporte avec déférence envers ses supérieurs, de quelques corps ou arme qu'ils soient, qu'il les prévienne par les marques de respect et de salut d'usage ; que réciproquement, tout supérieur ait pour son inférieur les égards convenables, et lui rende toujours le salut.

En remplissant ces devoirs, dont vous devez vous pénétrer, il faut apprendre les noms de vos chefs, vivre en bonne intelligence avec vos camarades, que la plus parfaite intimité règne entre vous tous, enfin, soyez reconnaissans des conseils que les anciens vous donneront.

Voilà ce que c'est, que cette discipline... et vous le voyez, c'est un principe naturel, inné, principe indestructible, universel... et ce n'est point seulement dans la vie militaire que la discipline existe. Regardez le civil, chacune des administrations qu'on y trouve, n'a-t-elle pas aussi sa discipline ; enfin, envisageons quelque chose de plus grand encore... considérons un instant le monde, l'univers .. là aussi ne trouvez-vous pas cette discipline, cette hiérarchie des devoirs réciproques. Regardez... nous, hommes, n'avons nous point Dieu qui nous commande, c'est une loi qu'il a posée, elle s'est étendue dans toutes les classes, dans tous les ordres de la société, c'est une loi, on doit obéir; et dans l'obéissance l'homme raisonnable trouve le bonheur.

Maintenant, mes amis, quelques conseils sur la moralité. Vous dirai-je qu'il faut vous sevrer de plaisir. Non! vous êtes hommes, et partout, à vous les joies, les douceurs de la terre. Mais à vous ces plaisirs dont l'homme ne rougit pas, dont-il ne devra jamais rougir; rappelez-vous toujours au milieu de votre carrière que vous êtes soldat, et qu'en toute occasion, un soldat doit avoir la conscience de ce qu'il est... Comment mènerez vous cette conduite qui vous honorera, c'est en ne fréquentant que des personnes dont la moralité vous soit connue. Surtout mes amis, évitez ces hommes infâmes qui se rencontreront sur votre chemin et qui chercheront à vous entraîner dans le mal, parce qu'ils y sont, évitez-les ces hommes, stigmatisés au front du sceau de l'infamie... si vous ne voulez point avoir un jour à rougir de vous-mêmes, fuyez les lieux de débauche et de proscription, car, mes amis, là, le militaire ne peut puiser que de mauvais principes.

Là, il se détournera du but qu'il doit atteindre ; là, il se laissera entraîner facilement à l'ivrognerie, au jeu, enfin à toutes ces passions qui dégradent, attirent le mépris, et ôtent toute considération.

Que la modération dans les plaisirs est avantageuse, pour vous-mêmes en particulier,

car, si elle vous attire l'estime des vôtres,
qu'elle a de beaux résultats pour vos propres
intérêts.

Maintenant, mes amis, je vais vous transporter au milieu des combats... Représentez-
vous le tambour battant la charge, le canon se faisant entendre, que vous êtes sur
un champ de bataille, et que vous êtes
soldats ! qu'est-ce que l'état militaire ? c'est
un état d'honneur, c'est celui d'un homme de
courage qui se dévoue pour le salut du pays,
et pour la défense de ses concitoyens, rappelez-vous toujours cela quand vous combattrez
l'ennemi de votre pays, que c'est le moment
de faire votre métier ; représentez-vous le
pays en danger, et la France prête à succom-
ber, vous êtes soldats, luttez toujours, là, vous
avez à défendre la France, le Roi, votre vieux
père qu'égorgerait l'ennemi si vous le lais-
siez pénétrer dans vos foyers ; luttez, car
la patrie vous a confié le soin de son honneur et de sa liberté ; montrez lui que vous
êtes dignes de cette noble mission, montrez
lui enfin que vous êtes ses enfans, et que
vous ne craignez pas de verser pour elle le
sang qu'elle vous a donné ..bravez la mort...
affrontez les dangers... surmontez les obstacles... ne craignez rien, écoutez cette voix
intérieure qui vous crie, *marche... marche!!!*
allez toujours ...il y a des récompenses....

Et surtout, mes amis, loin de vous cette

infâme pensée de déserter vos drapeaux, loin de vous aussi l'idée de retourner en arrière lorsque vous êtes sur le champ de bataille, car cette idée là est vile et méprisable. Mais ce qui est encore au - dessus de tout cela, c'est la désertion à l'étranger. Quelle infamie! Quelle chose ignominieuse! Oh! je voudrais que vingt balles vinssent vous frapper la poitrine, avant qu'une pareille pensée vous vint à l'idée. Déserter à l'ennemi, c'est faire outrage à la nation, au Roi, c'est vous déshonorer vous - même, c'est flétrir vos parens. Le déserteur, n'a plus de patrie, plus de Roi, plus de famille; il a tout renié, quand il les a lâchement abandonnés au moment du danger, il a été parjure à ses sermens, il est méprisable aux yeux de l'étranger chez qui il s'est réfugié, l'insensé, qu'il aille y chercher le bonheur dont il s'était peut-être follement bercé, la liberté qui lui avait peut-être souri. La France ne veut plus de lui, elle ne le connaît plus, désormais il porte sa faute gravée pour toujours sur son front... c'est son passe-port, il peut se présenter, on le chassera, ou plutôt, non, on lui donnera la mort : voilà le sort qui l'attend... Il peut encore rester chez les ennemis de son pays, mais là, qu'y trouve-t-il? amour et protection? le croyez-vous? non, mes amis, haine et mépris, voilà tout. L'ennemi qui n'a plus besoin de lui, le laisse; le déserteur devient semblable au jouet qu'un enfant désire, et qu'il brise bientôt... qu'il cherche des affections dans sa nouvelle terre, il n'en trouvera nulle part... on l'abandonne à lui-même on se méfie de lui. Il a bien trahi les siens, se dit-on, il pourrait bien nous trahir aussi, telle est la pensée de chacun, et cette pensée là le perd, le condamne, et il ne voit partout que froideur et dédain... puis, à lui les plus pénibles travaux, à lui les souffrances que l'ennemi peut s'épargner, les tâches rudes et difficiles, et pour le récompenser c'est tout au plus si on lui donne une nourriture convenable. Bientôt, il y a quelque chose de plus affreux qui vient torturer le cœur de ce malheureux, c'est le remords! le remords poignant, acéré, terrible. Le déserteur voit sa position actuelle... il la compare à sa vie passée, il voit tous ses rêves déçus, toutes ses illusions trompées... il se prend à verser des larmes dont il arrose son pain; tantôt il considère les lieux où il se trouve, les hommes qui l'environnent, il regarde long-temps, puis tout occupé, sa pensée se reporte sur la France, sa mère, sa patrie, là, dans un coin il voit son pauvre hameau, où sont ses affections, que là, il y a son vieux père qui le maudit, ses amis qui le plaignent, il y a aussi une jeune fille qui pleure... il l'a reconnue, c'est Marie... le malheureux tend les bras, il croit tenir... alors il est seul, seul dans une plaine qu'il ne connaît pas, dans un champ qui n'est pas le sien...

alors il suffoque, il éclate en sanglots. Pourquoi a-t-il déserté !.. Il y a des jours où brisé par la douleur, il veut partir, il veut revoir son pays... j'irai, se dit-il, j'irai m'agenouiller devant le génie de la France, je dirai ce que j'ai souffert, on m'écoutera, on aura pitié, et je pourrai... puis, tout-à-coup il s'arrête, il n'achève pas, il tremble, il cache son front dans ses mains; mais je vous l'ai dit : le cachet de sa faute est gravé en caractère de feu, il est ineffaçable... Et pourquoi s'arrête-t-il au milieu de ses espérances insensées, c'est qu'il a vu, comme un ange qui le repoussait, l'épée flamboyante à la main, qui lui fermait l'entrée de la France, il voit que tout est fini, il se désole ! ! !

Cette existence, mes amis, dure longtemps, jusqu'à ce qu'enfin, brisé par le malheur, il tombe un jour, il meurt comme il a vécu, c'est-à-dire, sans consolations, abandonné par tous... Personne n'est là pour le pleurer, personne pour le plaindre... c'était un lâche, et son dernier soupir s'éteint dans la malédiction de tous ! ! !

Voilà l'existence du déserteur... je ne la crois pas digne d'envie...

Au milieu des combats, mes amis, attendez toujours l'ennemi de pied ferme, ne cédez point, car sachez qu'une mort certaine attend les fuyards, car l'ennemi les poursuit, les atteint sans obstacles. Non, restez dans vos rangs, restez là où vos chefs vous ont placés, vous serez moins exposés à périr. Si votre dernière heure est sonnée, ce ne sera point une mort honteuse comme celle qui est le partage des fuyards; au contraire, vous n'aurez point démérité, et s'il faut mourir, vous mourrez en brave, pour la patrie, pour le Roi; et votre nom passera à la postérité, car vous l'aurez honoré par une mort glorieuse, et à côté de ce même nom, sur la matricule du corps, votre mutation sera portée à tout jamais : *Mort au champ d'honneur!!!*

Mais si la mort vous a épargné, si vous êtes vainqueur, soyez clément, oubliez toute haine, tout ressentiment, rappelez-vous que tous les hommes sont frères; regardez votre ennemi comme un homme malheureux, traitez-le avec humanité, et rappelez-vous toujours cette parole d'un de nos Rois : *La clémence honore autant que la victoire illustre!* Vaincus, vous devez toujours être les mêmes, grands, nobles; vous ne devez jamais rien perdre, ni de votre courage, ni de votre fierté; remettez les armes, si les armes doivent tomber, car souvenez vous qu'une défaite n'est jamais déshonorante; la lâcheté seule déshonore; car qui peut répondre du sort des combats? La fortune se joue des hommes, souvent elle se plaît à accabler les plus braves, voilà pourquoi l'on ne doit pas rougir quand on est vaincu, car ce n'est point l'ennemi qui triomphe... voilà, mes amis, ce que j'avais à vous dire.

Blandou. — Veuillez, monsieur, agréer mon entière reconnaissance pour vos bons conseils, et soyez certain que j'en profiterai. Seriez-vous assez bon, monsieur, pour me dire ce qu'il me faudrait pour apprendre les premières instructions qu'un soldat a besoin de connaître.

M. Launir. — Mon ami, soldat, vous n'avez d'abord besoin que de l'école du soldat, quand vous serez caporal, sergent, il vous faudra celle de peloton, et ainsi de suite.

Blandou. — Où se vend l'école du soldat ?

M. Launir. — Dans une librairie militaire, chez M. Anselin, rue Dauphine.

Ronilb. — Je sais, moi, où il y a des écoles du soldat, dans lesquelles on trouve la théorie, sur la charge et les feux avec les fusils à percussion, ainsi que l'instruction pour faire les paquets de cartouches, et celle sur le démontage, remontage, nettoyage, et graissage de ces armes. Plusieurs de mes camarades en ont acheté. Il y a encore dans ce petit recueil une instruction qui explique combien il y a de la terre au soleil, à la lune, etc., il y a encore un récit qui est bien intéressant, mais aussi bien pénible.

Blandou. — Quel est donc ce récit ?

Ronilb. — C'est le retracé des malheurs survenus en 1842, mais il en est un bien grand, bien affreux, qui m'a fait beaucoup de peine.

M. LAUNIR. — Nous te comprenons, mon ami, car pour une telle calamité, tous les cœurs se comprennent, toutes les âmes sympathisent. Tu veux parler de la perte de notre bon prince, **Mgr. le Duc d'Orléans.**

RONILB. — Oui, monsieur, hélas! quelle perte pour sa famille, pour la France, pour l'armée !!!

M. LAUNIR. — Oui, elle est irréparable. Tous les vrais citoyens en sont pénétrés... Oui, mes amis, il est des malheurs affreux, qui ne devraient jamais arriver, et qui lorsqu'ils ont lieu, jettent le désespoir parmi les peuples, la tristesse dans les cœurs, et cependant qu'est-ce qui amène ces grands événemens dont les résultats sont immenses, incommensurables, souvent un rien, une futilité.

RONILB. — J'ai extrait cet intéressant récit, le voilà, Blandou, veuillez je vous prie en faire la lecture.

BLANDOU. — Volontiers, veuillez m'écouter.

LA MORT D'UN PRINCE MAGNANIME
Fut de tout temps un malheur public.

L'année qui vient de s'écouler laissera pendant longtemps de cruels souvenirs dans tous les cœurs. Depuis bien des siècles, il n'était pas arrivé qu'il s'en présentât une semblable. Des calamités aussi épouvantables qu'instantanées ont désolé toutes les régions de la terre.

Le Nouveau-Monde a vu se renouveller dans ses immenses contrées les désastres de Lisbonne, de 1755. Des tremblemens de terre affreux y ont eu lieu, et plus particulièrement à Saint-Domingue, dans l'ancienne domination française; plusieurs villes ont entièrement disparu, engloutissant avec elles la plus grande partie de leurs populations. Deux cités des plus importantes de l'Europe, Hambourg et Liverpool, ont été décimées par les flammes pendant cinq à six jours. Cent millions de propriétés ont été dévorés, et peut-on jamais évaluer les suites de pareils sinistres; que de confusions et de misères les malheureux habitans ont été contraints de supporter. Cazan, cette autre cité de la Russie, a presque été détruite. On croirait, en rappelant ces lugubres tableaux, qu'un génie destructeur a parcouru l'univers, avec mission de semer l'horreur et la mort. La France, cette heureuse contrée, la patrie du monde, cette terre hospitalière qui recèle dans son sein tous les élémens de la félicité, que tous les peuples révèrent, n'a pas non plus été à l'abri des calamités de 1842. Le sinistre du 8 mai, sur le chemin de fer de Versailles (rive gauche), n'a été que le prélude des faits désastreux qui se sont succédés sans interruption. Les débordemens de tous les gáves Pyrénéens et l'innondation des trois ports-refuges dans la Seine-Inférieure, ébranlés jusque dans leurs fondemens, n'ont pas suivi de loin la dévastation du 8 mai.

Tous ces malheurs étaient pour la France une large part de sa contribution dans toutes ces infortunes, mais cela ne suffisait pas ; aussi une catastrophe épouvantable, un affreux malheur sont-ils venus ajouter encore à ces douleurs si vives et si poignantes. Un honnête homme, un prince accompli, autant par la rectitude de son

jugement, son savoir, ses qualités per-
sonnelles, que par les agrémens de sa
personne, croyant éviter une mort certaine, se l'est donnée involontairement.
Il savait, ce prince si regretté, tous les
liens qui l'attachaient à sa famille, les
immenses devoirs qu'il avait à remplir,
et tout ce que la France attendait de lui.
C'est en remplissant tant d'obligations
qu'il a péri.

Ferdinand-Philippe-Louis-Charles-
Henri d'Orléans, naquit à Palerme, le 3
septembre 1810. Mort le 13 juillet 1842.
Il n'a donc vécu que trente-deux ans à
peine; mais dans un si court espace,
que de choses il a faites. Entré au collége
Henri IV, les succès qu'il y obtint l'estime aussi continue que réelle que tous
ses camarades lui vouèrent, comme d'un
autre côté le souvenir qu'il conserva
d'eux, prouve son heureux naturel et
combien il avait compris son éducation
constitutionnelle, but des constans efforts
de sa noble famille. Comme colonel du 1er
régiment de hussards, à l'époque des Jour-

nées de 1830, quoiqu'il eût à peine vingt ans, et dans une position délicate, il sut allier ses devoirs aux circonstances impérieuses du moment. Sa conduite eut l'approbation unanime et prouva de la maturité de sa raison.

Jusqu'à l'époque de sa fin si prématurée, cette raison n'a fait que mûrir et se développer. A Anvers, en Algérie, à plusieurs reprises, à Lyon, dans toutes les missions délicates dont il a été investi, il a partout montré une connaissance des lieux et une application approfondie des meilleures traditions des généraux distingués de nos diverses époques, qualités qui n'excluaient pas chez lui les dehors les plus heureux, l'éloquence la plus persuasive, unis aux manières les plus agréables. Son humanité pour le soldat, sa prévoyance incessante pour lui, s'harmonisaient admirablement avec une modestie franche.

Le 13 juillet, M. le duc d'Orléans, avant de partir pour Saint-Omer inspecter plusieurs régimens, et delà rejoindre la duchesse à Plombières, descendit du pavillon Marsan, monta dans une calèche attelée à la Domont, pour aller à Neuilly faire ses adieux à sa famille.

Arrivé à la hauteur de la porte Maillot, le cheval monté par le postillon s'effraya et prit le galop. Bientôt la voiture fut emportée dans la direction du chemin de la Révolte. Le prince voyant que le postillon ne pouvait maîtriser ses chevaux, dut chercher à se préserver d'une chute effroyable, et c'est en cherchant les moyens de réussir qu'il a tombé de sa voiture ; la tête porta sur le pavé, dès lors la chute fut horrible. S. A. R. resta sans connaissance où elle était tombée. Venir au secours du prince et le transporter dans la maison de M. Cordier, épicier, comme étant le plus proche, ne fut que l'affaire d'un moment. S· A. R. fut étendue sur un lit dans une salle du rez-de-chaussée de cette habitation et ne reprit pas ses sens. M. le docteur Vincent Duval, accouru le premier au secours du prince, pratiqua une saignée; elle ne produisit aucun bien.

La nouvelle de cet accident fut promptement portée à Neuilly. La Reine partit à pied en toute hâte ; le Roi la suivit, ainsi que LL. AA. RR. Mme la princesse Adélaïde et Mlle la princesse Clémentine. Arrivés près du prince, on se figure plus aisément qu'on ne peut le décrire la douleur qu'ils éprouvèrent en présence d'un pareil spectacle. Cependant M. le docteur Pasquier venait d'arriver, et en même temps LL. AA. RR. MM. les ducs d'Aumale et de Montpensier.

Le docteur, après avoir examiné l'état du blessé, avait déclaré sa situation des plus graves, et en avertit le Roi, qui fit prévenir les ministres, M. le maréchal Gérard, et MM. les généraux Pajol et Aupick. A deux heures, le mal empirant, le roi fit prévenir Mme la duchesse de Nemours restée à Neuilly.

Aucune plume ne peut rendre l'aspect déchirant que présentait la chambre où était déposé le prince ; la Reine et les

princesses, au chevet du mourant, l'inon
daient de larmes ; les princes étaient dans
un accablement pénible ; le Roi, debout,
immobile, les yeux fixés sur le visage dé-
coloré de son fils, suivait le progrès du
mal dans un silence douloureux. A quatre
heures, le prince royal était en proie à
tous les symptômes d'une fin prochaine.
A quatre heures et demie, il rendait son
âme à Dieu.

La dépouille mortelle du prince, placée
sur une litière et suivie à pied par toute la
famille royale en pleurs, fut conduite à la
chapelle de Neuilly, escortée par une
compagnie d'élite du 2e léger, et ces
braves qui l'avaient accompagné aux
Portes-de-Fer et à Mouzaïa, l'entouraient
attristés, bien pénétrés de l'ami qu'ils
venaient de perdre. Des exprès furent
envoyés en grande hâte auprès de LL.
AA. RR. Mme la duchesse d'Orléans, à
Plombières ; M. le duc de Nemours, à
Nancy ; et M. le prince de Joinville, qui
se trouvait à bord de sa frégate la Belle-

Poule entre Naples et Ischia. Qui peut rendre ce qui se passa dans l'âme de la duchesse et des princes à la nouvelle d'un si grand événement. Comment dépeindre leur effroi, leur stupéfaction et les angoisses qu'ils ont dû éprouver.

Le 30 du même mois eut lieu la translation du corps de M. le duc d'Orléans de Neuilly à Notre-Dame. Dès le matin, toutes les gardes nationales de la Seine, réunies aux troupes stationnées à Paris et dans la Banlieue, prirent place aux lieux qui leur furent indiqués ; l'affluence des spectateurs était immense et le caractère distinctif d'une si grande aglomération de peuple portait l'empreinte de la tristesse.

Arrivé à Notre-Dame, les mânes du prince suivies de ses quatre frères, des officiers de tous grades attachés à la maison du Roi et de ceux attachés à sa personne, furent reçus par Monseigneur l'Archevêque et son clergé, tous les hauts fonctionnaires du gouvernement ainsi que les députations de tous les

Corps de l'Etat et de toutes les sociétés reconnues, attendaient dans la cathédrale. Le temple était tapissé dans toute son étendue, et toutes les attributions relatives à sa prérogative royale et aux évènemens glorieux qui lui sont justement attribués décoraient ce vaste édifice, des milliers de bougies inondaient de lumière ce vaste espace. Les décors de la place du Parvis, les tours et la façade s'harmonisaient avec tout l'intérieur.

Pendant trois jours l'immense basilique resta ouverte; le cénotaphe entouré du même cérémonial que le premier jour. L'affluence du monde qui s'y portait était prodigieuse; l'espace qui sépare la métropole jusqu'au pont Notre-Dame en était couvert; ces personnes qui stationnaient sur ce développement considérable étaient échelonnées sur dix à douze de front, et il est bien à regretter que le délai fixé pour son dernier séjour à Paris ait été aussi court, car alors toute la population parisienne, et celles environnantes, auraient pu rendre au prince royal, objet de leurs regrets, un dernier hommage.

Dès le matin du 3 août, jour d'expiration des cérémonies funéraires de S. A. R. Monseigneur le duc d'Orléans, à Paris, son cercueil dignement accompagné, partit pour les tombeaux de la famille à Dreux; déjà toute la famille royale l'avait précédé afin de le recevoir. Une dernière cérémonie eut lieu à la Chapelle, avec la pompe et la munificence qui avaient eu lieu à Paris; tous les habitans, à plus de dix lieues environnantes y arrivèrent en foule, et leur contenance fut aussi recueillie que douloureuse. Le corps du prince fut déposé dans un caveau, non loin de sa sœur bien-aimée, Marie, victime aussi des suites d'un accident funeste. Princesse achevée, dont le souvenir est dans tous les cœurs et qui sera comme son frère Ferdinand, un vide affreux dans la famille d'Orléans.

Après ces lignes trop pénibles à redire, hâtons-nous d'apporter quelques trèves à notre profonde émotion et finissons par des observations heureuses sur M. le duc d'Orléans.

L'honorable docteur Vincent Duval, qui le premier lui donna tous ses soins, a transmis des observations phrénologiques, sur le crâne du prince, que nous devons porter à la connaissance de nos lecteurs, sans crainte d'être démentis; devant crédit à la science, surtout quand son interprète en est aussi recommandable. De ces observations il résulte que la bienveillance et la volonté étaient les bases fondamentales du caractère du prince. Indépendamment de ces organes parfaitement développés, il avait ceux de l'esprit de justice, de l'espérance et du courage; peu d'amour propre, point de vanité et pas de mauvais penchans. Toutes les actions de sa vie entière ont été empreintes de ces heureuses dispositions.

S. A. R. Madame la duchesse d'Orléans, restée veuve dans un âge aussi tendre, malgré la perte irréparable qu'elle a faite et malgré tous les chagrins qu'elle a endurés, a senti tout ce qu'elle devait à la France, son pays d'amour et d'adoption. Mère, elle reportera toute la tendresse qu'elle avait pour son époux, sur ses enfans, elle les initiera aux mêmes sentimens de devoirs et d'affection que son mari avait puisés dans sa profonde instruction, et la France lui en décernera la récompense en conservant pour elle, et pour eux un attachement et un respect qu'elle avait accordé avec bonheur au prince défunt.

M. LAUNIR. — Toutes ces calamités sont terribles, mes amis, le Roi est sage, et dans sa sagesse unie à celle de la nation, les éventualités ont été prévues, par une loi sur la régence... mais espérons qu'il vivra assez longuement pour nous donner un roi majeur.

RONILB. — Vivons dans cette espérance.

BLANDOU. — Nous vous remercions, monsieur, de vos bons avis, nous nous ferons un devoir de les suivre, et croyez bien que nous vous en serons toujours reconnaissans.

M. LAUNIR. — Mes amis, vous me flattez, je n'ai fait que faiblement mon devoir.

BLANDOU. — Allons, mon cher Ronilb, présentons nos respectueuses civilités à M. Launir, et allons acheter l'école du soldat.

RONILB. — Oui, mon ami, il nous faut aller en sortant d'ici, chez M. Blot, place de l'Hôtel de Ville, 33, où nous trouverons ce qu'il nous faut.

M. LAUNIR. — A revoir, mes amis.

RONILB et BLANDOU — Salut, monsieur.

(*Ils sortent*).

BLANDOU (*sortant*).—Quel brave homme que ce M. Launir. Ah çà, est-ce loin d'ici, M. Blot?

RONILB. — Non, c'est à 10 minutes, tiens voilà le caporal Gunid.

GUNID. — Où allez-vous donc comme çà?

RONILB. — Chez M. Blot, acheter l'école du soldat.

GUNID. — Eh bien, mes camarades, j'y vais aussi acheter un livret de caporal, notre capitaine passe la revue demain.

RONILB. — Qu'est-ce que c'est qu'un livret de caporal; à quoi sert-il?

GUNID. — Voltigeur, un livret de caporal, ça sert à inscrire les hommes de l'escouade, d'abord par rang de taille, ensuite par rang d'ancienneté, plus le signalement des hommes de l'escouade, ce qu'ils ont à la masse, et enfin les tarifs de solde, des vivres, du chauffage, le tableau des poids et mesures, etc., c'est vraiment un recueil très-utile.

BLANDOU. — Comment, il faut qu'un caporal connaisse tout cela?

GUNID. — Comment, mais certainement,

mon camarade; il faut qu'un caporal puisse répondre aux questions qui peuvent lui être faites par le général, le colonel, le comandant, et par les officiers de la compagnie. D'abord : de quel pays est tel ou tel homme? combien il a à sa masse, qu'elle est sa solde par jour, de quel poids est sa ration de pain, de quoi se compose la ration de chauffage, etc. Enfin, il y a dans le livret du caporal, bien des choses indispensables à l'instruction militaire, et ensuite, quand le caporal passe sergent, il est naturellement au courant pour tenir le livret qu'il est obligé d'avoir d'après l'ordonnance du 2 novembre 1833.

Blandou. — Comment, le sergent tient aussi un livret!

Gunid. Oui, il tient un livret pour les hommes de *sa demi-section*, c'est-à-dire des deux escouades qu'il a sous ses ordres... Le livret contient les mêmes contrôles, tarifs.

Blandou. — M. Blot vend aussi des livrets de sergent.

Gunid. — Certainement, il vend aussi des livrets d'officiers, mon sergent-major lui achète des feuillets mobiles pour livrets de section, il y a encore des livrets de sergens-major et de capitaine, établis pour toute une compagnie aussi à feuillets mobiles; enfin, chez M. Blot, on trouve ce qui est relatif à l'instruction et à la comptabilité militaire.

BLANDOU. — Ah çà, nous voilà, place de l'Hôtel-de-Ville, et où demeure-t-il donc M. Blot?

GUNID.—Tenez, dans la position où nous sommes, au milieu de la place, et le dos tourné à la Seine, voyez à droite le cadran de l'Hôtel-de-Ville.

RONILB. — Oui.

GUNID.—Regardez en face, dans le coin, à côté de la tourelle.

RONILB.—Oui, on voit l'enseigne, et par où entre-t-on?

GUNID. — Vous voyez ces six marches en pierre, nous allons les monter, et puis nous irons jusqu'au fond du corridor, ensuite nous monterons l'escalier, et puis, arrivés au premier, il y a une porte vitrée à 4 carreaux, c'est là.

(Ils entrent tous les trois).

GUNID.—Bonjour, madame, voulez vous me donner un livret de caporal.

Mme BLOT. — Avec plaisir, monsieur, en voici un.

GUNID. — Combien, madame?

Mme BLOT. — 40 centimes.

GUNID. — Les voilà, madame.

Mme BLOT.—Je vous remercie, monsieur.

BLANDOU. — Veuillez, je vous prie, madame donner à mon camarade et à moi, l'école du soldat.

Mme BLOT. — Oui, monsieur, la voilà.

Ils s'en allèrent ensuite tous les trois et quand ils arrivèrent à la caserne du Foin, Blandou proposa aux deux autres de prendre un verre de vin, ce qu'ils acceptèrent et furent le prendre chez madame Gunid; Ronilb, en jetant un coup d'œil sur son école du soldat, dit à Blandou. Mais je n'y vois pas ce que j'ai vu sur celle de Franckœur: *Combien y a-t-il de la terre au soleil, combien y a-t il de population en France, en Angleterre, en Espagne* et enfin bien des choses.

BLANDOU. — Tu veux parler d'un abrégé de cosmographie?

RANILB. — C'est ca

BLANDOU. — Eh bien, il faudra prier madame Blot, de changer ton école du soldat avec une dans laquelle il y aura cet abrégé.

RONILB. — J'irai demain; mais en attendant, veuille bien me dire ce que c'est que la cosmographie.

BLANDOU. — Avec plaisir, mon ami.

COSMOGRAPHIE.

D. Qu'est-ce que la cosmographie?

R. C'est la description du monde en entier, de l'univers.

UNIVERS.

D. Qu'est-ce que l'univers ?

R. On appelle *Univers*, l'ensemble de tous les corps que Dieu a créés : tels sont les astres suspendus au-dessus de nos têtes; l'eau, la terre que nous habitons, et l'air que nous respirons. On nomme ciel cet espace immense où nous voyons le soleil, la lune, et toutes les étoiles. On appelle *firmament* la partie du ciel la plus éloignée.

ASTRES.

D. Qu'est-ce que les astres?

Les astres sont les corps lumineux qui nous paraissent suspendus dans la voûte céleste ils sont fixés ou errans. *Les astres fixes* sont ceux qui conservent la même position dans le ciel et le même ordre entre eux, le nombre en est infini. Pour les reconnaître on les a partagés en différens groupes auxquels on a donné le nom de *constellations*, c'est-à-dire, *amas d'étoiles*. Les *astres errans ou planètes*, sont des corps qui changent de place par rapport aux groupes d'étoiles fixes qui les environnent et qui s'éloignent ou se rapprochent entre eux. Quelques-unes paraissent et disparaissent à des époques qui semblent n'avoir rien de déterminé, on les nomme comètes parce qu'elles sont accompagnées d'une sorte de traînée

PLANETES.

D. Combien, et comment nommez-vous les principales planètes placées dans l'univers?

R. Treize; le Soleil, 1. Mercure, 2. Vénus, 3. la Terre, 4. la Lune, 5. Mars, 6. Vesta, 7. Junon, 8. Cérès, 9. Pallas, 10. Jupiter, 11. Saturne, 12. Uranus, 13.

D. Quel est la dimension de ces planètes, et leurs distances?

R. Le soleil est 1,300,000 plus gros que la terre, et en est à .... 34,515,000 lieues.

Mercure est 1⁄16 de la terre, et est du
                      soleil, à 13,361,000 —
Vénus.. — 9⁄10 ... — .... id. à 24,966,000 —
La Terre — 1 .... id. à 34,515,000 —
La Lune est la 49ᵉ part. de la terre, et en
                    est à   85,800 —
Mars...... la 5ᵉ. ..... — .... et est
                du soleil, à 50,000,000 —
Vesta........................... id.. à 82,000,000 —
Junon........................... id.. à 92,000,000 —
Cérès........................... id.. à 95,000,000 —
Pallas.......................... id.. à 95,000,000 —
Jupiter est 1,470 plus gros que le soleil,
            et en est à 180,332,000 —
Saturne est 887 .... id.... à 329,000,000 —
Uranus.....77 .... id.... à 662,000,000 —

Parmi ces planètes quelques-unes sont accompagnées de satellites qui tournent autour d'elles tandis que ces mêmes planètes tournent autour du soleil. La terre n'a qu'un satellite, c'est la lune.

LE SOLEIL.

D. Qu'est-ce que le soleil?

R. Le soleil est un grand astre qui occupe le centre de l'univers, il éclaire les planètes qui sont autour de lui, et décrivent des orbites allongés dont l'étendue et la durée varie en raison de leurs distances du centre commun de leurs révolutions et n'est lui-même qu'un point dans l'immensité. Le soleil est pour notre globe la principale source de la lumière, puisque la lune et les autres planètes ne font que nous renvoyer celle qu'ils reçoivent de ces astres. Un boulet de canon parcourant 120 toises de terrain par seconde emploierait environ 6 ans et 3 mois pour arriver au soleil, la lumière qu'il nous envoie nous parvient en 8 minutes 13 secondes. Jugez de la vitesse de la lumière.

LA LUNE.

D. Qu'est-ce que la lune?

R. La lune est une planète du second ordre qui sert de satellite à la terre, dont elle est éloignée de 85800 lieues, elle tourne environ douze fois autour de sa planète centrale, tandis que celle-ci tourne une fois autour du soleil. Le diamètre de la lune est de 782 lieues, elle est 49 fois plus petite que la terre.

PHASES DE LA LUNE.

D. Qu'appelez-vous phases de la lune et quand arrivent-elles?

R. Quand la lune se trouve entre la terre et le soleil nous ne pouvons l'apercevoir, puisqu'elle ne réfléchit vers nous aucun rayon lumineux, c'est alors la nouvelle lune; lorsqu'elle a décrit le quart de son orbite, la partie éclairée qu'elle nous présente nous paraît un demi-cercle, c'est le premier quartier; quand la lune a parcouru la moitié de sa course, nous apercevons toute entière la partie éclairée, c'est le temps qu'on appelle pleine lune. Peu à peu nous voyons le côté lumineux redevenir un demi-cercle, c'est le dernier quartier; enfin la lune se perd de nouveau et se retrouve en conjonction.

LA TERRE.

D. Veuillez nous entretenir un peu de notre planète, de la terre, et en faire la description?

R. La planète que nous habitons se nomme la terre elle fait partie du système solaire; elle est éloignée du soleil de 34,515,000 lieues et elle est 1,330,000 plus petite que lui. La surface de la terre est d'environ 24 millions de lieues carrées dont plus de deux tiers sont occupés par les eaux et l'autre tiers (7 millions de lieues carrées) présente une surface solide et habitable pour notre espèce, 800 millions d'êtres vivans y trouvent leur subsistance. Approximativement aux autres planètes, la terre est la plus petite, puisque comparativement à la masse de notre globe, le grain de sable le plus imperceptible est plus gros en comparaison de ce qui existe de matériel dans l'espace.

La terre tient le troisième rang parmi les autres planètes dans l'ordre de leurs distances au soleil. Outre la course élyptique qu'elle fait autour de cet astre, elle en opère deux autres; savoir: une de rotation sur elle-même appelée diurne pendant laquelle elle présente successivement au soleil tous les points de sa surface ce qui produit le retour alternatif de la lumière et des ombres ou du jour et de la nuit. Afin de faire mieux comprendre l'effet de ce mouvement, prenez une boule un peu aplatie aux extrémités que vous nommerez pôles, faites-la tourner devant une chandelle dans une pièce où il n'y a que ce point lumineux, et vous verrez qu'à mesure que cette boule tournera sur elle-même, les divers points de sa surface deviendront éclairés, et que les points opposés rentreront dans l'ombre, ce qui vous expliquera le retour successif de la lumière et des ténèbres sur le globe terrestre. La terre emploie 23 heures, 56 minutes, 4 secondes, à opérer ce mouvement sur elle-même, ce qui forme la durée de ce que nous nommons un jour, en y comprenant le temps de la nuit et ce mouvement, elle l'opère 365 fois pendant qu'elle décrit son orbite autour du soleil ce qui donne à l'année 365 jours. Mais comme la terre en tournant sur elle-même avance de 59 minutes sur son orbite, il en résulte que l'année qui ne devait pas même être de 365 jours, puisqu'il faut soustraire de chaque jour 3 min. 56 secondes, est au contraire de 365 jours 6 h., cet excédant de durée qui après 4 ans révolus forme une année de 366 jours appelée Bissextile. Le 3e mouvement de la terre est le changement ou inclinaison de son axe par rapport au soleil, quoique cet astre reste invariable par rapport à l'espace absolu. C'est ce changement de position des deux pôles ou extrémités de l'axe, qui produit pour nous la différence des saisons et l'inégalité des jours et des nuits.

Il y a dans le cours de l'année deux époques où les deux extrémités de l'axe ou les deux pôles, sont à une égale distance du soleil. Alors toute la moitié du globe, d'un pôle à l'autre est dans la lumière, l'autre moitié en est privée : Alors il y a sur la terre, égalité de jour et de nuit; c'est ce qu'on appelle l'équinoxe, ce phénomène a lieu deux fois l'année, savoir : le 21 mars, quand le soleil entre dans le signe du Bélier, c'est l'équinoxe du printemps et le 22 septembre, quand le soleil entre dans le signe de la balance, c'est l'équinoxe d'automne.

A partir de l'équinoxe du printemps l'axe de la terre se déplace successivement relativement au soleil, jusqu'à ce que le pôle arctique soit arrivé au point où il se présente tout entier au soleil, que ce mouvement de la terre fait paraître de 23 degrés et demi plus rapproché qu'il ne l'était à l'équinoxe ; de manière que le point culminant de la course apparente de cet astre est à 23 degrés au-dessus de l'équateur, et s'appelle tropique du cancer, parce qu'alors le soleil entre dans ce signe le 21 juin. Alors le soleil élevé à 64 degrés au-dessus de l'horison donne un jour de 16 heures pendant que la nuit n'a que 8 heures de durée.

La terre après l'équinoxe d'automne, se trouve amenée, par le déplacement de son axe, dans une situation exactement inverse de celle où elle se trouvait alors du solstice d'été, les phénomènes sont les mêmes, mais dans un sens opposé. C'est donc cette inclinaison de l'axe de la terre que nous venons d'expliquer, qui produit les 4 saisons, l'inégalité des jours et des nuits, ainsi que la différence de la température froide ou chaude,

selon que l'on se rapproche des pôles ou de
l'équateur.

La terre est entourée d'un amas de fluides de diverse nature, dont la réunion forme
ce qu'on appelle atmosphère. Ces fluides
sont l'air proprement, dit : les vapeurs et
les fluides aériformes.

D. Qu'elle est la forme de la terre?

R. La terre a la forme d'un spheroïde
aplati vers les deux pôles, on prétend que
cette forme est celle qu'elle a dû prendre par
suite de la rotation qui lui fut imprimée au
moment de sa création, en supposant qu'elle
ait été originairement fluide.

D. Que dites-vous des inégalités de la
surface de la terre?

R. Les inégalités de la surface de la terre
nous semblent immenses, quand nous la com-
parons à notre extrême petitesse mais si
nous pouvions embrasser son contour d'un
coup d'œil, les plus hautes montagnes, ne
seraient pas sur sa superficie, ce qu'est à
nos yeux les plus petites aspérités d'une
orange, puisque la plus élevée des montagnes n'aurait pas une demi-ligne de hauteur
sur un globe de quatre pieds de diamètre.

D. Jusqu'à quelle profondeur l'homme a-
t-il pu pénétrer dans le noyau du globe terrestre?

R. Toute la puissance de l'homme n'a pu

pénétrer au-delà de 2 lieues au plus dans l'intérieur du globe terrestre, la terre contient dans son sein une chaleur considérable, indépendante de celle qu'elle reçoit du soleil ; et l'observation a démontré qu'à mesure qu'on s'y enfonce, la chaleur va en augmentant d'à peu près un degré pour 3o mètres de profondeur ; de sorte qu'à quelques milliers de mètres, on arriverait à la chaleur de l'eau bouillante et plus bas encore à celle du fer rouge et du métal en fusion.

D. Que dites-vous de la surface du globe que nous habitons ?

R. La riche surface du globe que nous habitons, et sur lequel le Créateur nous a placés : tout y est vie, force productive, mouvement sans fin, accroissement et décroissement, naissance et mort; organisation et destruction, embellissement et décomposition, c'est sur cette enveloppe de la terre que depuis 6ooo ans, l'homme exerce son génie investigateur, par une succession de recherches et de découvertes, dont le but est l'amélioration de son bien-être et dont le résultat fût presque toujours un mélange de jouissances nouvelles et de principes de corruption.

D. Si la terre est ronde, comment les hommes et tous les corps qui sont à sa surface, peuvent-ils y tenir sans tomber ?

R. Un corps tombe quand il s'approche de la terre ou de son centre, ainsi si nous

nous en détachions, nous ne tomberions pas, nous nous élèverions au ciel, ce qui n'arrive pas, parce que notre corps est attiré vers la terre par une force dont elle est douée, comme le fer est attiré vers l'aimant, et que nous y sommes pressés par l'air dans lequel nous sommes plongés.

D. Quelle est la situation des divers pays de la terre ?

R. La situation des divers pays de la terre est déterminée par quatre points cardinaux, qui sont l'Est (le Levant), l'Ouest (le Couchant), le Nord et le Midi, et est divisée en cinq parties, qui sont l'*Europe*, l'*Asie*, l'*Afrique*, l'*Amérique* et l'*Océanie* comme on le voit ci-après.

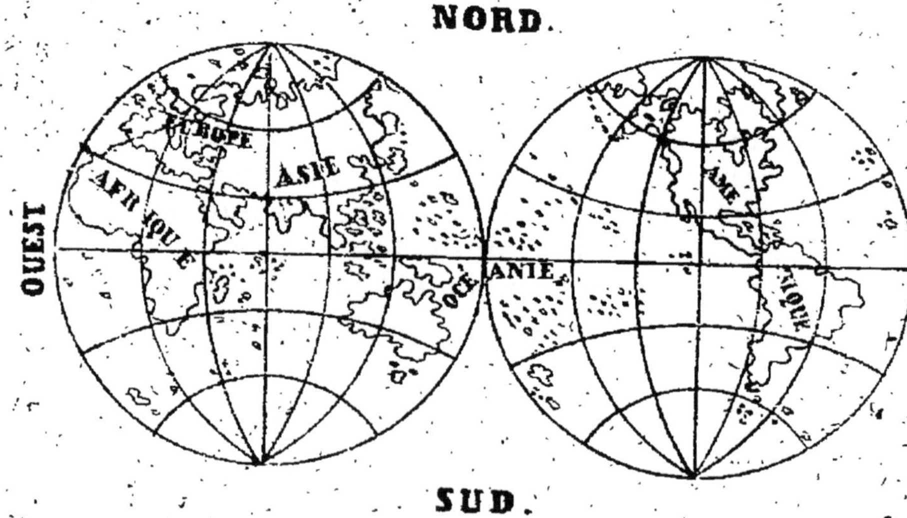

EUROPE.

L'Europe est divisée en 19 contrées.

Sᴀᴠᴏɪʀ :

Partie Nord.

Angleterre,	la capitale est	Londres.	hab.	25,000,000
Danemarck,	—	Copenhague.	—	2,000,000
Norwège,	—	Christiana.	—	1,900,000
Suède,	—	Stockholm.	—	3,000,000
Russie,	—	St-Pétersbourg	—	62,000,000
				83,000,000

Partie du milieu.

France,	la capitale est	Paris.	hab.	34,000,000
Belgique,	—	Bruxelles.	—	4,000,000
Hollande,	—	La Haye.	—	3,000,000
Allemagne,	—	Vienne.	—	34,000,000
Prusse,	—	Berlin.	—	14,000,000
Cologne,	—	Varsovie.	—	4,000,000
Autriche,	—	Vienne.	—	8,000,000
Hongrie,	—	Bade.	—	2,000,000
Russie,	—	Bâle.	—	2,000,000
				105,000,000

Partie du Sud.

			hab.	
Portugal,	la capitale est	Lisbonne.	hab.	3,500,000
Espagne,	—	Madrid.	—	14,000,000
Italie,	—	{ Rome. Naples.	—	21,500,000
Turquie,	—	Constantinople	—	7,000,000
Grèce,	—	Athènes.	—	1,000,000
				47,000,000

La population de l'Europe est de 235,000,000

ASIE.

L'Asie comprend :

			hab.	
Russie d'Asie,	la capitale est	Tiflis.	hab.	4,000,000
Japon,	—	Yedo.	—	25,000,000
Chine,	—	Pékin.	—	170,000,000
Indo-Chine,	—	Amérapoura.	—	21,000,000
Inde-en-Indoustan,	—	Calcutta.	—	134,000,000
Belouchistan,	—	Kelat.	—	2,000,000
Afghanistan,	—	Kaboul.	—	6,000,000
Tartarie,	—	Bouckara.	—	4,000,000
Perse,	—	Téhéran.	—	9,000,000
Arabie,	—	Médine.	—	12,000,000
Turquie d'Asie,	—	Trébisonde.	—	13,000,000
				400,000,000

AFRIQUE.

L'Afrique comprend :

Algérie,   la capitale est   Alger.
Sénégambie,   —   Saint-Louis.
Guinée.
Zauguebaz.
Barbarie,   —   Maroc.
Cafrerie,   —   Le Cap.
Égypte,   —   Le Caire.
Nubie.
Abyssinie.
Nigritie.

Iles d'Afrique.

Açores,   la capitale est   Féral.
Bourbon,   —   Saint-Denis.
Ile Maurice.   —   Maurice.

La population est évaluée de 100 à 110 millions d'habitans.

L'Algérie, compte environ 1,800,000 à 2,000,000 d'habitans jusqu'à l'Atlas.

AMÉRIQUE. (ou le Nouveau-Monde).

L'Amérique se divise en 2 parties, l'Amérique du Nord et l'Amérique du Sud.

L'Amérique du Nord comprend :

Canada,	la capitale est	Québec.	—	1,000,000
États-Unis,	—	New-Yorck.	—	13,000,000
Mexique,	—	Mexico.	—	7,000,000
Antilles,	—	Cuba.	—	2,500,000
				24,000,000

L'Amérique du Sud comprend :

Terre-Ferme,	la capitale est	Caracas.	—	2,800,000
Guyanne,	—	Cayenne,	—	1,500,000
Brésil,	—	Rio Janeiro.	—	5,000,000
Paraguay,	—	Buenos-Ayres.	—	1,000,000
Pérou (Haut et Bas),	—	Lima.	—	3,000,000
Chili,	—	Valparaiso.	—	1,000,000
				14,500,000

OCÉANIE.

L'Océanie, ou la 5ᵉ partie du monde, se compose de :

Malaisie,	la capitale est	Batavia.
Australie,	—	Sidney.
Polynésie,	—	»

Les populations de ces contrées sont en-core inconnues.

DES ANTIPODES ET DES CLIMATS.

D. Qu'entend-on par antipodes ?

R. On nomme antipodes les peuples qui se trouvent sur des méridiens ou sur des paral-lèles opposés, c'est-à-dire que, si les uns sont sur le 40ᵉ degré de latitude au Nord, les au-tres sont sur le 4cᵉ degré de latitude au Sud ; et, si les uns sont dans l'hémisphère oriental, les autres sont dans l'hémisphère occidental. Tels sont les habitans de la Chine et ceux du Paraguay.

1° Les antipodes ont leurs pôles également

élevés, parce qu'ils sont sur le même degré de latitude, l'un au Nord, l'autre au Midi ;

2° Ils sont également éloignés de l'équateur, quoiqu'ils soient, les uns dans l'hémisphère méridional, les autres dans l'hémisphère septentrional ; les uns dans l'hémisphère oriental, et les autres dans l'hémisphère occidental ;

3° Quand il est midi ou sept heures du matin chez les uns, il est minuit ou sept heures du soir chez les autres, parce qu'ils ont des méridiens opposés ;

4° Le jour le plus long chez les uns est le plus court chez les autres, parce qu'ils habitent dans des parallèles et sur des méridiens opposés ;

5° Quand c'est l'été chez les uns, c'est l'hiver chez les autres, parce que leur latitude est opposée ;

6° Les pieds des uns sont directement opposés aux pieds des autres, parce qu'ils sont dans une position diamétralement contraire sur le globe. Antipodes vient du mot grec *anti*, contre, *paus*, *podos*, pied : *pied contre pied*.

D. Qu'entend-t-on par climat, et en combien de climats divise-t-on la terre ?

R. Un climat est une étendue de pays renfermée entre deux parallèles, et dont les habitans ont les jours plus longs ou plus courts que leurs voisins.

Toute la surface du globe est divisée en

soixante climats : de l'équateur à chaque cercle polaire, on en compte vingt-quatre, qui diffèrent entre eux par une demi-heure de jour ; des deux cercles polaires aux pôles mêmes, on compte six climats, qui diffèrent entre eux par des jours d'un mois entier. L'étendue de pays comprise dans chaque climat de demi-heure, est d'autant moins grande, que ce climat s'éloigne de l'équateur ; et l'étendue de pays des climats de mois est d'autant plus grande, que le climat s'éloigne des cercles polaires et qu'il s'approche des pôles.

VAPEURS DE LA TERRE.

D. Qu'est-ce que les vapeurs ?

R. Les vapeurs sont les émanations que le soleil enlève aux différens corps qui sont sur la surface du globe, et surtout au fluide aqueux. Elles forment des brouillards à la surface de la terre ; suspendues à une certaine hauteur, ensuite, elles forment des nuages qui deviennent en globules liquides, et tombent en pluie, quelquefois en grêle, quelquefois en neige, selon la température où se fait la précipitation.

VENTS.

Quand l'équilibre de l'atmosphère est rompu en quelques endroits, l'air se déplace, se meut et s'agite, ce déplacement produit le vent dont l'impétuosité varie en raison de la rapidité avec laquelle se meut l'air déplacé; le vent est fort quand il parcourt 8 mètres par seconde, ou à peu près un quart de lieue par minute, quand dans la mesure de temps il parcourt une demi-lieue, il y a tempête; et il y a ouragan, quand il parcourt une lieue, cinq quarts de lieue, ou presque une lieue et demie par minute : alors il brise les arbres et renverse les maisons, comme cela n'est que trop fréquent aux Antilles.

TONNERRE.

D. Qu'est-ce que le tonnerre?

R. Le tonnerre est un fluide électrique qui manifeste sa surabondance dans l'atmosphère par la foudre, laquelle est le résultat d'une explosion électrique, l'éclair est la lumière de cette explosion.

L'AIR.

D. Qu'est-ce que l'air?

R. L'air dont se compose la plus grande partie de l'atmosphère, est une substance pesante, élastique, il est sans couleur, inodore de sa nature, mais pourtant sensible au toucher. On croit que l'enveloppe que forme ce fluide autour de la terre s'élève jusqu'à 15 ou 16 lieues au-dessus de sa surface. L'air est plus lourd à la surface de la terre, il devient plus léger à mesure qu'on s'élève sur les montagnes ou dans les aérostats par la raison que l'air étant plus rare, laisse passer les rayons du soleil sans s'échauffer sensiblement.

CHALEUR.

D. Donnez-moi quelques notions sur la chaleur?

La chaleur est un principe répandu dans tous les corps, et qui concourt puissamment à entretenir le mouvement de la vie. On ignore encore si la chaleur que la présence du soleil produit sur nous vient de cet astre, ou si elle n'est que l'effet du contact de la lumière avec l'air. Il y a des savans qui prétendent que le noyau du soleil n'est pas plus chaud que celui de notre globe et que la chaleur n'est que le résultat du mouvement qui s'opère dans notre hémisphère par l'émission des jets lumineux qui s'élancent de l'atmosphère de ce grand astre; mais ce qu'il y a de sûr, c'est qu'il existe dans l'intérieur de la terre un principe de chaleur qu'elle a reçu lors de sa création; principe indépendant de l'action du soleil, dont l'effet ne se fait sentir qu'à la surface, où il produit l'alternative des saisons et la variété des climats.

SON.

D. Donnez-moi une définition du son?
R. Le son ne parcourt que 550 mètres par secondes et marche 900,000 fois moins vite que la lumière; c'est pour cela que dans un orage pour peu que le nuage soit éloigné, comme lorsque l'on tire le canon à une assez longue distance l'éclair ou l'amorce apparaît quelques secondes avant le coup qui les suit.

LUMIÈRE.

D. Vous ne me dites rien de la lumière?

R. La lumière est le principe ou l'agent qui rend les objets visibles à nos yeux, qui les pare de leurs couleurs et qui agit puissamment sur les 3 règnes de la nature, et surtout sur le règne végétal.

La transmission de la lumière, soit du soleil, de la lune ou des étoiles, depuis le point culminant jusqu'à notre œil, se fait en ligne droite, et se propage avec une vitesse si prodigieuse, que la lumière n'emploie que 8 minutes 13 secondes pour franchir les 34 millions de lieues qui nous sépare du soleil, ce qui fait 60,000 lieues par secondes.

On peut d'après la vitesse de la lumière se faire une idée de l'incommensurable distance qui nous sépare des étoiles fixes, puisqu'elles emploient plus de 5000 ans pour arriver d'une étoile de la première grandeur jusqu'à nous.

RONILB.—Ah! je t'assure, mon cher Blandou, que j'ignorais diablement des choses que tu viens de me dire, je retourne de suite chez madame Blot pour qu'elle me change mon école du soldat.

(En arrivant chez madame Blot).

LE MÊME.—Voulez-vous, je vous prie, madame, avoir la bonté de me changer cette école du soldat que je viens de vous acheter, contre une dans laquelle il y a un abrégé de cosmographie.

Mme BLOT. — Oui monsieur, la voilà.

ÉCOLE DU SOLDAT.

Ordonnance du roi du 4 mars 1831, sur l'exercice et les manœuvres de l'infanterie.

TITRE PREMIER.

ARTICLE PREMIER.

FORMATION D'UN RÉGIMENT EN BATAILLE.

1. Quelle que soit la place d'une brigade dans l'ordre de bataille, les régimens dont elle se composera seront placés de la droite à la gauche, dans l'ordre de leurs numéros. Si la brigade se compose d'infanterie légère et d'infanterie de ligne, l'infanterie légère prendra la droite.

2. Quelle que soit la place d'un régiment dans une brigade, les bataillons qui le composent seront placés de la droite à la gauche, dans l'ordre de leurs numéros. L'intervalle entre les bataillons sera de seize mètres (vingt-quatre pas).

3. Dans les régimens de deux bataillons, *les compagnies seront placées de la droite à la gauche dans chaque bataillon, de la manière suivante :* dans le premier bataillon, la première compagnie de grenadiers ou de carabiniers, les compagnies des septième,

5

premier, neuvième, troisième, onzième et cinquième capitaines de fusiliers ou de chasseurs, et la première compagnie de voltigeurs; dans le second bataillon, la deuxième compagnie de grenadiers ou de carabiniers, les compagnies des huitième, deuxième, dixième, quatrième, douzième et sixième capitaines de fusiliers ou de chasseurs, et la seconde compagnie de voltigeurs.

4. Dans les régimens de trois bataillons, les compagnies seront placées de la droite à la gauche, dans l'ordre suivant : dans le premier bataillon, la première compagnie de grenadiers ou de carabiniers, les compagnies des dixième, premier, treizième, quatrième, seizième et septième capitaines de fusiliers ou de chasseurs, et la première compagnie de voltigeurs; dans le second bataillon, la deuxième compagnie de grenadiers ou de carabiniers, les compagnies des onzième, deuxième, quatorzième, cinquième, dix-septième et huitième capitaines de fusiliers ou de chasseurs, et la deuxième compagnie de voltigeurs; dans le troisième bataillon, la troisième compagnie de grenadiers ou de carabiniers, les compagnies des deuxième, troisième, quinzième, sixième, dix-huitième et neuvième capitaines de fusiliers ou de chasseurs, et la troisième compagnie de voltigeurs.

5. Chaque compagnie formera un peloton. Les pelotons seront désignés par les noms de

grenadiers, carabiniers ou *premier peloton, second, troisième, quatrième, cinquième, sixième, septième peloton,* et *voltigeurs,* ou *huitième peloton,* en commençant par la droite et finissant par la gauche de chaque bataillon.

6. Le premier et le second peloton de chaque bataillon formeront la première division; le troisième et le quatrième peloton, la seconde; le cinquième et le sixième peloton, la troisième; enfin, le septième et le huitième peloton formeront la quatrième division.

7. Les quatre premiers pelotons de chaque bataillon formeront le *demi-bataillon de droite;* les quatre derniers pelotons, *le demi-bataillon de gauche.*

8. Chaque peloton sera partagé en deux parties égales, qui seront désignés par le nom de section. Celle de droite sera appelée *première section;* celle de gauche, *seconde section.*

9. Chaque compagnie sera habituellement formée sur trois rangs de la manière suivante : les trois hommes les plus grands formeront la première file; les trois plus grands après ceux-ci, la seconde file, et ainsi de suite jusqu'à la dernière file, qui sera composée des trois hommes les plus petits.

10. La distance d'un rang à l'autre sera de trente-trois centimètres (un pied) qui seront mesurés de la poitrine des hommes du se-

cond et du troisième rang, au dos de l'homme qui les précède respectivement dans leur file, ou à son havre-sac, quand le soldat sera chargé.

11. Lorsqu'on devra manœuvrer, les pelotons seront égalisés dans chaque bataillon, en reversant, s'il y a lieu, des hommes d'une compagnie dans l'autre.

12. Les régimens étant sur le pied de paix, lorsqu'ils devront manœuvrer, les pelotons seront formés sur deux rangs, afin d'occuper à peu près la même étendue qu'ils occuperaient sur trois rangs, s'ils étaient sur le pied de guerre.

Places de bataille des Officiers, Sous-Officiers et Caporaux.

13. Le capitaine à la droite de son peloton, au premier rang.

14. Le lieutenant en serre-file, à deux pas derrière le centre de la première section.

15. Le sous-lieutenant en serre-file, à deux pas derrière le centre de la première section.

16. Le sergent-major, derrière la seconde section, à la gauche du lieutenant.

17. Le premier sergent derrière le capitaine, au troisième rang. Ce sergent, désigné par le nom de sous-officier de remplacement, sera guide de droite de son peloton dans les manœuvres.

18. Le second sergent derrière la gauche de la seconde section, en serre-file. Ce ser-

gent sera guide de gauche de son peloton dans les manœuvres.

19. Le troisième sergent derrière la droite de la seconde section, en serre-file.

20. Le quatrième sergent derrière la gauche de la première section, en serre file.

21. Le fourrier derrière la première section, à la droite du sous-lieutenant, en serre-file.

22. Dans le huitième peloton de chaque bataillon, le second sergent sera placé à la gauche du premier rang du bataillon, ayant derrière lui un caporal du troisième rang.

23. Les caporaux seront placés au premier et au troisième rang, à la droite et à la gauche de chaque section, suivant leur taille.

24. Le remplacement des officiers et des sous-officiers, lorsqu'il sera nécessaire pour manœuvrer, se fera de grade en grade dans chaque compagnie; mais, en l'absence du capitaine et du lieutenant d'une compagnie, le commandant du régiment enverra, pour la commander, s'il le juge convenable, un lieutenant d'une autre compagnie.

Places de bataille des Officiers supérieurs, Adjudans-Majors et Adjudans.

25. Le colonel et tous les officiers supérieurs seront à cheval; les adjudans-majors et les adjudans seront à pied.

26. Le colonel ayant à sa droite le lieutenant-colonel et à sa gauche le major, sera placé à cinquante pas en arrière des serre-

files, vis-à-vis le centre du régiment. Lorsque le major sera absent, le lieutenant colonel se placera à la gauche du colonel.

27. Chaque chef de bataillon sera placé à trente pas des serre-files, derrière le centre de son bataillon.

28. L'adjudant-major de chaque bataillon sera placé à huit pas des serre-files, derrière le centre du demi-bataillon de droite.

29. L'adjudant de chaque bataillon sera placé à huit pas des serre files, derrière le centre du demi-bataillon de gauche.

Place des Sapeurs, Tambours, Clairons et Musiciens.

30. Les sapeurs, formés sur deux rangs, seront placés à la droite du régiment ayant leur gauche à quatre pas du premier peloton.

31. Les tambours et les clairons de chaque bataillon, formés sur deux rangs, seront placés à vingt pas des serre-files, derrière le cinquième peloton de leur bataillon, le tambour-major à la tête des tambours du premier bataillon, les caporaux-tambours à la tête des tambours de leurs bataillons. Les musiciens, formés sur trois rangs, seront placés à deux pas derrière les tambours du premier bataillon.

Garde du drapeau.

32. Dans les régimens de deux bataillons, le drapeau sera placé au premier bataillon ;

dans les régimens de trois bataillons, il sera placé au second. Dans les autres bataillons le drapeau sera remplacé par un *fanion* qui aura, dans les manœuvres, la dénomination du drapeau.

33. Dans chaque bataillon, la garde du drapeau sera composée de huit caporaux ; elle sera placée à la gauche de la seconde section du quatrième peloton, et fera partie de cette section.

34. Il sera choisi, dans chacune des compagnies du bataillon, un caporal pour faire partie de cette garde.

35. Le premier rang de la garde du drapeau sera composé du porte-drapeau, ayant à sa droite le caporal de grenadiers, et à sa gauche celui de voltigeurs.

36. Les deux autres rangs seront formés chacun de trois caporaux de fusiliers.

37. On placera de préférence au second rang de la garde du drapeau, les trois caporaux de fusiliers qui auront le plus de régularité et de précision, tant pour la position sous les armes que pour la marche.

38. Les caporaux de la garde du drapeau porteront l'arme dans le bras droit, et auront toujours la baïonnette au canon.

39. Le commandant du régiment désignera, dans les bataillons qui n'auront pas de drapeau, un sergent-major ou un sergent pour porter le *fanion*.

Guides généraux.

40. Il y aura deux guides généraux dans chaque bataillon : ils seront choisis parmi les sergens qui auront le plus de régularité, tant pour la position sous les armes que pour la marche.

41. Les guides généraux seront désignés par les noms de guide général de droite et de guide général de gauche ; ils seront placés sur le rang des serre-files, le premier derrière la droite du premier peloton, le second derrière la gauche du huitième.

ARTICLE II.

INSTRUCTION DES RÉGIMENS.

42. Le colonel, et, en son absence, l'officier supérieur qui commandera le régiment, sera responsable de l'instruction générale des officiers, des sous-officiers et des soldats.

43. Les chefs de bataillon seront responsables, envers le colonel, de l'instruction de leurs bataillons.

44. L'instruction des régimens sera dirigée de manière qu'à l'époque des inspections ils aient successivement parcouru tout ce que renferme la présente ordonnance.

45. Chaque année, à l'époque où l'on commencera l'instruction générale, l'école du soldat et l'école de peloton seront faites dans chaque compagnie, sous la direction et la responsabilité du capitaine.

Instruction des officiers.

46. L'instruction des officiers ne pouvant être solidement établie qu'en joignant la théorie à la pratique, il y aura dans chaque régiment une instruction de théorie indépendamment des exercices sur le terrain.

47. En conséquence, le commandant du régiment assemblera les officiers aussi souvent qu'il le jugera nécessaire, soit chez lui, soit chez l'officier supérieur de chaque bataillon, pour leur expliquer ou faire expliquer tous les principes relatifs aux différentes écoles.

48. L'instruction des officiers supérieurs et des capitaines embrassera tout ce que renferme la présente ordonnance; celle des lieutenans et des sous-lieutenans embrassera tout ce qui est compris dans les trois écoles du soldat, de peloton et de bataillon, ainsi que dans l'instruction pour les tirailleurs.

49. Nul officier ne sera réputé instruit, qu'autant qu'il sera en état de commander et d'expliquer parfaitement tout ce qui est compris dans les différentes parties de l'ordonnance qu'il doit connaître.

50. On ne s'attachera, dans cette instruction, qu'aux principes et à l'esprit des évolutions, sans jamais exiger que les officiers en apprennent littéralement le texte.

51. Les officiers seront exercés quelquefois à la marche par un des officiers supérieurs, qui s'attachera, avec le plus grand

soin, à leur faire contracter l'habitude de former des pas égaux en longueur et en vitesse.

Instruction des Sous-Officiers.

52. L'instruction des sous-officiers embrassera l'école du soldat et celle de peloton ; ils seront tenus de savoir exécuter eux-mêmes, avec précision, outre le maniement des armes qui leur est particulier, tout ce qui a rapport au maniement des armes du soldat, aux feux et à la marche.

53. Les adjudans-majors et les adjudans seront spécialement chargés de l'instruction des sous-officiers ; ils commenceront à les exercer avec le plus grand soin à l'école du soldat et au maniement des armes qui leur est particulier.

54. Cette première instruction étant assurée, on réunira les sous-officiers de chaque bataillon, pour en former un peloton sur trois rangs, auquel on attachera un chef de peloton, un sous-officier de remplacement et des serre-files. Ce peloton sera exercé par l'adjudant-major et l'adjudant, dans la progression indiquée à l'école de peloton. Tous les sous-officiers rempliront alternativement, dans ce peloton, les fonctions de chef de peloton, de chef de section et de guide.

55. Cette instruction ayant principalement pour objet de mettre les sous-officiers en état de bien instruire les soldats, on leur

expliquera tous les principes des deux premières écoles, d'abord sur le terrain, et ensuite dans des théories particulières. Ces
théories et ces exercices devront comprendre
les diverses fonctions des guides dans les
manœuvres du bataillon.

56. Les commandans des régimens feront
exercer fréquemment les porte-drapeaux avec
leur garde, et les guides généraux, à la marche en bataille. On s'attachera, avec une
attention scrupuleuse, à faire contracter aux
porte-drapeaux et aux guides généraux, l'habitude de se prolonger, sans varier, sur une
direction donnée, et d'observer avec la plus
grande précision la longueur ainsi que la
cadence du pas.

Instruction des Caporaux.

57. L'instruction des caporaux embrassera
l'école du soldat et le maniement des armes,
particulier aux sous-officiers. Ils feront partie
du peloton qui doit être formé par bataillon
pour l'instruction des sous-officiers, et seront, comme eux, exercés aux fonctions de
guides.

58. Cette instruction ayant également pour
objet de mettre les caporaux en état d'instruire les recrues, on leur expliquera fréquemment les différentes parties de l'école
du soldat sur le terrain et dans les théories.

59. Les adjudans seront chargés de l'ins-

truction pratique et théorique des caporaux, sous la surveillance des adjudans-majors.

TITRE II.
ÉCOLE DU SOLDAT.

RÈGLES GÉNÉRALES ET DIVISION DE L'ÉCOLE DU SOLDAT.

1. Cette école, qui a pour objet l'instruction des recrues, devant influer d'une manière sensible sur l'instruction des compagnies, dont dépend celle des bataillons et des régimens, doit être établie avec le plus grand soin. Elle sera dirigée par un officier supérieur. On y attachera le nombre d'officiers, de sous-officiers et de caporaux nécessaire, choisis parmi ceux qui auront le plus d'aptitude, et pris autant que possible, en nombre égal dans chaque compagnie.

2. Les nouveaux officiers seront toujours employés, pendant six mois au moins, à l'école des recrues, et ne cesseront d'y être attachés que sur l'ordre du commandant du régiment.

3. Lorsqu'il y aura un certain nombre de recrues en état de passer à l'école de peloton, l'officier supérieur donnera l'ordre de les réunir; il désignera les officiers et les sous-officiers qui devront être chargés de cette

instruction, et y fera observer la progression prescrite dans l'école de peloton.

4. Lorsqu'un ou plusieurs des hommes de recrue qui composent ce peloton seront en état de passer au bataillon, ils y seront admis sur l'ordre de l'officier supérieur, qui en fera prévenir les chefs de leurs compagnies.

5. L'école du soldat sera divisée en trois parties : la première partie comprendra ce qu'on doit enseigner à l'homme de recrue avant de lui faire porter l'arme ; la seconde, le maniement des armes, les charges et les feux ; la troisième, les principes d'alignement, la marche de front, les différens pas, la marche de flanc, les principes de conversion et ceux des changemens de direction.

6. Chaque partie sera divisée en quatre leçons, ainsi qu'il suit :

PREMIÈRE PARTIE.

1re leçon.	{ Position du soldat sans arme. Mouvement de tête à droite et à gauche.
2e leçon.	A droite, à gauche, demi tour à droite.
3e leçon.	Principes du pas ordinaire direct.
4e leçon.	Principes du pas ordinaire oblique.

DEUXIÈME PARTIE.

1re leçon.	Principes du port d'armes.
2e leçon.	Maniement des armes.

3e leçon. Charges en quatre temps et à volonté.

4e leçon. Feux direct, oblique et de deux
rangs.

TROISIÈME PARTIE.

1re leçon. Réunion de six à neuf hommes
pour les principes d'alignem^t.

2e leçon. Marches de front et des différens
pas.

3e leçon. Marche de flanc.

4e leçon. Principes des conversions et des
changemens de direction.

7. Chaque leçon sera suivie d'observations qui auront pour objet de démontrer l'utilité des principes qu'on y aura prescrit. Les instructeurs ne sauraient trop s'attacher à les étudier et à en faire l'application lorsqu'ils instruiront les recrues.

8. Le ton de commandement sera toujours animé, et d'une étendue de voix proportionnée au nombre des hommes qu'on exercera.

9. Il y aura deux sortes de commandemens : les commandemens d'avertissement et ceux d'exécution.

10. Les commandemens d'avertissement, qui seront distingués dans l'ordonnance par des lettres italiques, seront prononcés distinctement et dans le haut de la voix, en alongeant un peu la dernière syllabe.

11. Les commandemens *d'exécution seront* distingués dans l'ordonnance par des majus-

cules et seront prononcés d'un ton ferme et bref.

12. Les commandemens dont l'énonciation sera séparée dans l'ordonnance par des tirets, seront coupés de même en les prononçant.

13. Les instructeurs expliqueront toujours ce qu'ils enseigneront en peu de paroles claires et précises; ils exécuteront toujours eux-mêmes ce qu'ils commanderont, afin de donner ainsi l'exemple en même temps qu'ils expliqueront le principe. Ils s'attacheront à accoutumer l'homme de recrue à prendre lui-même la position qu'il devra avoir, et ne le toucheront, pour le placer, que lorsque son défaut d'intelligence les y obligera.

PREMIÈRE PARTIE.

14. La première partie de l'école du soldat sera enseignée, autant que possible, homme par homme; on pourra réunir deux ou trois hommes au plus, lorsque le nombre des recrues à dresser et celui des instructeurs qu'on pourra employer y forceront. On placera alors ces hommes sur un rang, à un pas de distance l'un de l'autre, le soldat sera sans armes.

PREMIÈRE LEÇON.
Position du Soldat.

Les talons sur la même ligne et rapprochés autant que la conformation de l'homme le permettra, les pieds un peu moins ouverts que l'équerre, et également tournés en dehors, les genoux tendus sans les raidir, le corps d'aplomb sur les hanches et penché en avant, les épaules effacées et également tombantes, les bras pendans naturellement, les coudes près du corps, la paume de la main un peu tournée en dehors, le petit doigt en arrière de la couture du pantalon, la tête droite sans être gênée, le menton rapproché du col sans le couvrir, les yeux fixés à terre à environ quinze pas devant soi.

Observations relatives à la position du soldat.

Les talons sur la même ligne.

16. Parce que, s'il y en avait un qui fût plus en arrière que l'autre, l'épaule du même côté s'effacerait, ou bien la position du soldat serait gênée.

Les talons plus ou moins rapprochés,

Parce que les hommes cagneux et ceux qui ont la jambe forte ne peuvent pas les joindre.

Les pieds également tournés en dehors et point trop ouverts,

Parce que, si un pied était plus tourné en dehors que l'autre, il entraînerait l'épaule, et que si les pieds étaient trop ouverts, il ne serait plus possible de faire porter le haut du corps en avant sans que la position devînt chancelante.

Les genoux tendus, mais sans raideur,

Parce que, si l'homme les raidissait, il en résulterait pour lui de la gêne et de la fatigue.

Le corps d'aplomb sur les hanches,

Parce que c'est le moyen de donner à l'homme un parfait équilibre. L'instructeur observera que la pluspart des recrues ont la mauvaise habitude de baisser une épaule, de creuser un côté ou d'avancer une hanche, surtout la hanche gauche, lorsqu'on leur fait porter l'arme ; il s'attachera à corriger ces défauts.

Le haut du corps penché en avant,

Parce que les hommes de recrue sont ordinairement disposés à faire le contraire, à avancer le ventre, à creuser les reins et à renverser les épaules, quand ils veulent se tenir droits, ce qui a de grands inconvéniens dans la marche, ainsi qu'il sera expliqué dans les observations sur les principes du pas. L'habitude de pencher le haut du corps en avant est si importante à faire contracter, que l'instructeur doit, dans les commencemens, rendre cette position même forcée, surtout pour les hommes dont la position naturelle présenterait la disposition contraire.

Les épaules effacées,

Parce que si l'homme avait les épaules en

avant et le dos voûté, ce qui est le défaut ordinaire des hommes de la compagnie, il ne pourrait ni s'aligner, ni manier son arme avec vitesse; il est donc très important de corriger ce défaut: en conséquence, l'habillement des recrues devra avoir l'ampleur nécessaire pour ne pas gêner la position qu'on voudra leur donner, et l'instructeur, en faisant effacer les épaules, aura soin de ne pas les jeter en arrière, pour ne pas faire creuser les reins, ce qu'il faut éviter avec soin.

Les bras pendans naturellement, les coudes près du corps, la paume de la main un peu tournée en dehors, le petit doigt en arrière de la couture du pantalon,

Parce qu'il est important, soit pour la perfection du port d'armes, soit pour n'occuper dans le rang que l'espace nécessaire pour pouvoir manier ses armes avec facilité, que le soldat ait les coudes bien placés. Cette position des bras, des coudes et des mains remplit ces divers objets, et a de plus l'avantage de faire effacer les épaules.

La tête droite sans être gênée,

Parce que, s'il y avait de la raideur dans la tête, elle se communiquerait à toutes les parties supérieures du corps, dont elle gênerait les mouvemens, ce qui rendrait cette attitude pénible et fatigante.

Les yeux fixés droit devant soi,

Parce que la position de la tête directe est le plus sûr moyen d'accoutumer les soldats à maintenir les épaules carrément, principe essentiel, auquel il faut les habituer avec le plus grand soin.

17. L'instructeur ayant donné à l'homme de recrue la position du soldat sans armes, lui apprendra à tourner la tête à droite et à gauche ; à cet effet, il commandera :

1. *Tête* — A DROITE.

2. FIXE.

18. A la fin de la seconde partie du premier commandement, le soldat tournera la tête à droite sans brusquer le mouvement, de manière que le coin de l'œil gauche, du côté du nez, réponde à la ligne des boutons de l'habit les yeux fixés sur la ligne des yeux des hommes du même rang.

19. Au deuxième commandement, il replacera de même la tête dans la position directe, qui doit être la position habituelle du soldat.

20. Le mouvement de *tête à gauche* s'exécutera par les moyens inverses.

21. L'instructeur veillera à ce que le mouvement de la tête n'entraîne pas les épaules, ce qui pourrait arriver si on le brusquait.

22. Lorsque l'instructeur voudra faire passer le soldat de l'état d'attention à celui du repos, il commandera :

REPOS.

23. A ce commandement, le soldat ne sera plus tenu à garder l'immobilité ni la position.

24. L'instructeur voulant lui faire repren-

dre la position et l'immobilité, fera les commandemens suivans :

1. *Garde à vous.*
2. PELOTON.

25. Au premier commandement, le soldat fixera son attention : au deuxième, il reprendra la position prescrite ainsi que l'immobilité.

DEUXIÈME LEÇON.

A droite, à gauche, demi-tour à droite.

26. Les à-droite et les à-gauche s'exécuteront en un temps. L'instructeur commandera :

1. *Peloton par le flanc droit* (ou *gauche*)
2. A DROITE (OU A GAUCHE).

27. Au deuxième commandement, le soldat tournera sur le talon gauche, élevant un peu la pointe du pied gauche, et rapportera en même temps le talon droit à côté du gauche et sur la même ligne.

28. Le demi-tour à droite s'exécutera en deux temps. L'instructeur commandera :

1. *Peloton.*
2. *Demi-tour* — A DROITE.

Premier temps.

29. Au commandement de *demi-tour*, le soldat fera un demi-à-droite, portera le pied droit en arrière, le milieu du pied vis-à-vis et à huit centimètres (trois pouces) du talon gauche, et saisira en même temps la giberne

par le coin du coffret avec la main droite.

Second temps.

3o. Au commandement de *à droite*, le soldat tournera sur les deux talons en élevant
un peu les pointes des pieds, les jarrets tendus ; fera face en arrière, rapportera en
même temps le talon droit à côté du gauche,
et lâchera la giberne.

3i. Lorsque le soldat portera l'arme, il la
tournera de la main gauche au premier temps
du demi-tour à droite, comme il sera expliqué au premier mouvement de *présentez
vos armes*, et le replacera dans la position
du port d'armes, à l'instant où il rapportera
le talon droit à côté du gauche.

32. L'instructeur veillera à ce que ces mouvemens ne dérangent pas la position du corps.

TROISIÈME LEÇON.

Principes du pas ordinaire direct.

33. La longueur du pas ordinaire direct
sera de soixante-cinq centimètres (deux
pieds), à compter d'un talon à l'autre, et sa
vitesse, de soixante-seize par minute.

34 L'instructeur voyant l'homme de recrue affermi dans la position, lui expliquera
le principe et le mécanisme du pas, en se
plaçant à sept ou huit pas du soldat, et lui
faisant face, il exécutera lui-même lentement
le pas, afin de joindre ainsi l'exemple en

même temps qu'il expliquera le principe, il commandera ensuite :

1. *Peloton en avant.*
2. MARCHE.

35. Au premier commandement, le soldat portera le poids du corps sur la jambe droite.

36. Au deuxième commandement, il portera vivement, mais sans secousse, le pied gauche en avant à soixante-cinq centimètres (deux pieds) du droit, le jarret tendu, la pointe du pied un peu baissée et légèrement tournée en dehors, ainsi que le genou; il portera en même temps le poids du corps en avant et posera sans frapper le pied gauche à plat, précisément à la distance où il se trouve du droit, tout le poids du corps se portant sur le pied qui pose à terre. Le soldat passera ensuite vivement, mais sans secousse, la jambe droite en avant, le pied passant près de terre, le posera à la même distance et de la même manière qu'il vient d'être expliqué pour le pied gauche, et continuera de marcher ainsi, sans que les jambes se croisent, sans que les épaules tournent et la tête restant toujours dans la position directe.

37. Lorsque l'instructeur voudra arrêter la marche, il commandera :

1. *Peloton.*
2. HALTE.

38. Au deuxième commandement, qui sera fait à l'instant où l'un ou l'autre pied indifféremment va poser à terre, le soldat rap-

portera le pied qui est en arrière à côté de l'autre, sans frapper.

Observations relatives aux principes du pas.

39. Porter le poids du corps sur la jambe droite au commandement de *peloton en avant*.

Pour disposer l'homme à former plus vivement son premier pas, ce qui est essentiel en troupe.

La pointe du pied baissée, mais sans affectation,

Parce que la pointe du pied baissée fait tendre le jarret et dispose le pied à poser à plat.

La pointe du pied légèrement tournée en dehors,

Parce que si l'on tournait les pieds trop en dehors, le corps serait sujet à chanceler.

Le haut du corps en avant.

Afin que le poids du corps se porte sur le pied qui pose à terre, que le pied qui est en arrière puisse se lever aisément, et que le pas ne soit pas raccourci.

Marcher le jarret tendu,

Parce qu'une troupe ne pouvant, sans se gêner et se découdre, marcher comme si chaque homme était isolé, puisqu'il n'en existe pas deux qui marchent absolument de la même manière, il est nécessaire que les recrues apprennent à marcher un pas uniforme, qui soit marqué et cadencé, sans quoi il n'y aurait point d'ensemble.

Passer le pied près de terre,

Parce que si les soldats levaient la jambe plus qu'il ne le faut, ils perdraient du temps et se fatigueraient inutilement. D'ailleurs, si n'ayant pas un principe déterminé, ils levaient la jambe en ployant les genoux, les uns plus, les autres moins, les pieds ne poseraient pas en même temps à terre, et il n'y aurait ni cadence, ni ensemble.

Poser le pied à plat sans frapper,

Afin d'éviter le balancement du corps et le raccourcissement du pas qui auraient lieu nécessairement si le talon posait à terre le premier, ou si l'on frappait en posant le pied; ce dernier mouvement aurait encore l'inconvénient de fatiguer inutilement les soldats. et de rompre la cadence, parce que les uns lèveraient le pied plus, les autres moins.

La tête directe,

Parce que la position de la tête directe empêche que les épaules ne tournent, et fait que le soldat marche carrément.

40. L'instructeur indiquera de temps en temps à l'homme de recrue la cadence du pas, en faisant le commandement de *un* à l'instant où il lève le pied, et celui de *deux* à l'instant où il doit se poser et en observant la cadence de soixante-seize à la minute. Cette méthode contribuera infiniment à ha-

bituer les soldats à bien faire les deux temps dont le pas est naturellement composé.

QUATRIÈME LEÇON.

Principes du pas oblique.

41. La vitesse du pas ordinaire oblique sera comme celle du pas ordinaire direct, de soixante-seize par minute : sa longueur va être indiquée ci-après.

42. Lorsque les hommes de recrue auront acquis l'habitude de bien former le pas direct, de faire les pas égaux en longueur et en vitesse, l'instructeur leur apprendra à marcher le pas oblique, et, pour en faire mieux comprendre le mécanisme, il le décomposera ainsi qu'il suit :

43. L'homme de recrue étant de pied fermé, l'instructeur lui fera porter le pied droit obliquement, à droite en avant, à soixante-cinq centimètres (vingt-quatre pouces) du gauche, et quarante-six centimètres (dix-sept pouces) sur le côté, observant de faire tourner un peu la pointe du pied droit en dedans, pour empêcher l'épaule gauche d'avancer, le soldat restera dans cette position.

44. Au commandement de *deux* fait par l'instructeur, l'homme de recrue portera le pied gauche, par la ligne la plus courte, à quarante-six centimètres (dix-sept pouces)

en avant du talon droit, et restera dans cette position.

45. Il continuera à marcher de cette manière aux commandemens de *un* et de *deux,* en s'arrêtant à chaque pas, et en ayant la plus grande attention à maintenir les épaules carrément et la tête directe.

46. Le pas oblique à gauche s'exécutera d'après les mêmes principes; mais le soldat partira d'abord du pied gauche.

47. Après quelques leçons de cette espèce, on fera marcher à l'homme de recrue le pas oblique à droite et à gauche sans le décomposer, ce qui s'exécutera ainsi qu'il suit :

48. Le soldat étant en marche directe au pas ordinaire, l'instructeur commandera :

1. *Oblique à droite.*

2. MARCHE.

49. Au deuxième commandement, qui sera fait à l'instant où le pied gauche pose à terre, l'homme de recrue commencera le pas oblique à droite, en ayant soin de se conformer à ce qui a été prescrit ci-dessus relativement à la formation, à la longueur des pas et à la carrure des épaules; mais sans s'arrêter sur chaque pas et en observant d'en faire soixante-seize par minute.

50. Le pas oblique à gauche s'exécutera d'après les mêmes principes; l'instructeur fera le commandement de marche à l'instant où le pied droit pose à terre.

51. Pour reprendre la marche directe, l'instructeur commandera :

   1. *En avant.*

   2. Marche.

52. Au second commandement, qui sera fait à l'instant où l'un ou l'autre pied indifféremment pose à terre, le soldat reprendra la marche directe et le pas de soixante-cinq centimètres (deux pieds).

Observations relatives au pas oblique.

53 L'instructeur veillera, comme dans la leçon précédente, à ce que le soldat marche le jarret tendu, que le poids du corps porte sur le pied qui pose à terre, que les pieds se portent toujours par la ligne la plus courte à la place où ils doivent poser, que la tête reste toujours directe et que les épaules ne tournent pas.

54. On exercera beaucoup les hommes de recrue à marcher ce pas qui est difficile dans les commencemens, mais très utile dans les mouvemens de ligne; c'est d'ailleurs un moyen excellent de leur donner de l'aplomb et de les habituer à maintenir carrément la direction des épaules. Ainsi on les fera marcher obliquement cinquante ou soixante pas de suite, avant de leur faire reprendre la marche directe.

55. Lorsque l'homme de recrue saura bien former le pas oblique, l'instructeur ne s'attachera pas avec une précision rigoureuse à

faire observer les mesures prescrites pour ce pas ; il donnera pour principe essentiel au soldat de gagner le plus de terrain possible de côté, en en gagnant proportionnellement moins en avant, sans déranger la ligne des épaules qui doit toujours être la même que dans la marche directe.

Observations générales relatives au pas direct et oblique.

56. Pour juger si la position du corps est conforme aux principes qui ont été prescrits, si le pas se forme régulièrement, et si le poids du corps se porte sur le pied qui pose à terre, l'instructeur se placera souvent à dix ou douze pas en avant, et face à l'homme de recrue ; si, alors, il n'aperçoit pas la semelle des souliers lorsque le soldat lève et pose les pieds, s'il ne remarque ni mouvement dans les épaules, ni balancement dans le haut du corps, il pourra être assuré que les principes sont bien observés.

57. Lorsqu'on montrera les principes du pas à deux ou trois hommes à la fois, ou n'exigera point qu'ils s'occupent de l'aligne-ment pour ne pas trop partager leur atten-tion. D'ailleurs, lorsqu'ils auront contracté l'habitude de faire des pas égaux en longueur et en vitesse, ils auront acquis le vrai moyen de conserver l'alignement.

58. L'instructeur doit observer aussi, dans le même cas de la réunion de deux ou trois

hommes, de les placer à un pas l'un de l'autre, pour empêcher qu'ils ne prennent la mauvaise habitude d'écarter les coudes ou de s'appuyer sur l'homme qui est à côté.

SECONDE PARTIE.

RÈGLES GÉNÉRALES.

59. L'instructeur ne fera passer les hommes de recrue à cette seconde partie, que lorsqu'ils seront bien affermis dans la position du corps et la formation du pas direct et oblique.

60. L'instructeur réunira alors trois hommes, qu'il placera sur un rang, coude à coude, et il leur montrera le port d'armes ainsi qu'il suit :

PREMIÈRE LEÇON,

Principes du port d'armes.

61 L'homme de recrue étant placé comme il a été prescrit dans la première leçon de la première partie, l'instructeur les fera relever la main gauche sans plier le poignet, et ne faisant agir que l'avant-bras gauche. L'instructeur élèvera le fusil perpendiculairement et le placera de la manière suivante :

62. L'arme dans la main gauche, le bras très peu ployé, le coude en arrière et joint au corps sans le serrer, la paume de la main serrée contre le plat extérieur de la crosse, son tranchant extérieur dans la première articulation des doigts, le talon de la crosse

entre le premier et le second doigt, le pouce sur la vis, les deux derniers doigts sous la crosse qui sera appuyée plus ou moins en arrière, suivant la conformation de l'homme, de manière que l'arme vue de face reste toujours perpendiculaire, et que le mouvement de la cuisse en marchant ne puisse pas le faire lever ni vaciller ; la baguette au défaut de l'épaule ; le bras droit pendant naturellement, comme il a été prescrit dans la première leçon de la première partie.

Observations relatives au port d'armes.

63. On rencontre souvent des hommes de recrue qui ont des défauts naturels dans la conformation des épaules, de la poitrine et des hanches : l'instructeur doit s'efforcer de corriger autant que possible ces défauts, avant de faire porter l'arme au soldat, et doit avoir ensuite une attention suivie à régler le port d'armes suivant ces défauts de conformation, de manière que le coup-d'œil général en soit uniforme, sans que les hommes soient gênés dans leurs positions.

64. Il observera que les hommes de recrue, lorsqu'ils commencent à porter l'arme, sont sujets à déranger la position du corps et surtout à renverser les épaules : ce qui fait, que l'arme manquant de point d'appui, ils descendent la main gauche pour empêcher que l'arme ne tombe, baissent l'épaule gauche ;

creusent le flanc, ouvrent les coudes afin de reprendre l'équilibre, etc.

65. L'instructeur aura attention de corriger tous ces défauts et de rectifier continuellement la position des hommes; il leur ôtera quelquefois l'arme pour la replacer ensuite, évitera de les fatiguer dans les commencemens, et s'attachera à leur rendre peu à peu cette position si naturelle et si facile, qu'ils puissent la conserver longtemps sans fatigue,

66. Enfin, l'instructeur doit apporter beaucoup d'attention à ce que le port d'armes ne soit ni trop haut ni trop bas ; s'il était trop haut, il ferait ouvrir le coude gauche, le soldat occuperait par-là trop d'espace dans le rang et l'arme serait chancelante ; s'il était trop bas, les files se trouveraient trop serrées, le soldat n'aurait pas l'espace nécessaire pour manier son arme avec facilité, le bras gauche fatiguerait trop, entraînerait l'épaule, etc.

67. L'instructeur, avant de passer à la seconde leçon, fera répéter les mouvemens de *tête à droite* et de *tête à gauche,* ainsi que les *à-droite,* les *à-gauche* et les *demi-tours à droite.*

DEUXIÈME LEÇON.

Maniement des Armes.

68. Le maniement des armes sera montré aux trois hommes placés d'abord sur un rang,

coude à coude et ensuite sur une file.

69 L'exécution de chaque commandement ne formera qu'un temps, mais ce temps sera divisé en mouvemens afin d'en mieux faire connaître le mécanisme aux soldats.

70. La vitesse de chacun des mouvemens du maniement des armes, sauf les exceptions indiquées ci-après, est fixée à un quatre-vingt-dixième de minute; mais, afin de ne pas fatiguer l'attention des hommes de recrue, on ne s'attachera d'abord qu'à l'exécution des mouvemens, sans exiger qu'ils s'occupent de la cadence à laquelle on ne les astreindra que progressivement, et lorsqu'ils seront familiarisés avec le maniement de leur arme.

71. Les mouvemens relatifs à la cartouche, à la baguette et au placement et déplacement de la baïonnette, ne peuvent pas être exécutés avec la vitesse qui vient d'être prescrite, ni même avec une vitesse uniforme. ils ne seront donc point soumis à cette cadence. L'instructeur s'attachera à faire exécuter ces mouvemens avec promptitude, et surtout avec régularité.

72. Dans tous les autres temps du maniement des armes qui se composent de trois ou de quatre mouvemens, on précipitera les deux premiers.

73. La dernière syllabe du commandement décidera l'exécution brusque et vive du premier mouvement de chaque temps;

les commandemens de *deux*, de *trois* ou de *quatre* décideront celle des autres mouvemens. Dès que le soldat connaîtra bien la position des divers mouvemens d'un temps, on lui montrera à l'exécuter sans s'arrêter sur ces mouvemens; mais il en observera le mécanisme, afin d'assurer l'arme, et d'éviter les inconvéniens qui résultent de ce qu'on appelle escamoter l'arme.

74. Le maniement des armes sera montré dans la progression suivante, l'instructeur commandera :

L'arme — AU BRAS.

Premier mouvement.

75. Empoigner brusquement l'arme à onze centimètres (quatre pouces) au-dessous de la platine, sans tourner l'arme et en l'élevant un peu.

Deuxième mouvement.

76. Quitter la crosse de la main gauche, placer l'avant-bras gauche étendu sur la poitrine contre le chien, la main sur le téton droit.

Troisième mouvement.

77. Laisser tomber vivement la main droite à sa position.

78. Les soldats étant l'arme au bras, si l'instructeur veut les faire reposer, il commandera :

REPOS.

79. A ce commandement, les soldats porteront vivement la main droite à la poignée de l'arme, et ne seront plus tenus à garder l'immobilité ni la position.

80. Lorsque l'instructeur voudra faire passer les soldats de l'état de repos à celui d'immobilité, il commandera :

1. *Garde à vous.*

2. PELOTON.

81. Au second commandement, les soldats reprendront la position du troisième mouvement de *l'arme au bras.*

Portez — VOS ARMES.

Un temps et trois mouvemens.

Premier mouvement.

82. Porter brusquement la main droite à la poignée de l'arme.

Deuxième mouvement.

83. Placer brusquement la main gauche sous la crosse.

Troisième mouvement.

84. Laisser tomber vivement la main droite à sa position, descendre en même temps l'arme avec la main gauche à la position du port-d'armes.

Présentez — VOS ARMES.

Un temps et deux mouvemens.

Premier mouvement.

85. Tourner l'arme avec la main gauche,

la platine en dessus, et saisir en même temps la poignée du fusil avec la main droite, l'arme d'aplomb et détachée de l'épaule: laisser la main gauche sous la crosse.

Deuxième mouvement.

86. Achever de tourner l'arme avec la main droite pour l'apporter d'aplomb vis-à-vis le milieu du corps, la baguette en avant, la main droite restant au-dessous et contre la sous-garde; l'empoigner en même temps brusquement avec la main gauche, le petit doigt contre le ressort de la batterie, le pouce alongé le long du canon contre la monture, l'avant-bras collé au corps sans être gêné, la main à la hauteur du coude.

Portez — VOS ARMES.

Un temps et deux mouvemens.

Premier mouvement.

87. Tourner l'arme avec la main droite, le canon en dehors, l'élever et la placer contre l'épaule gauche avec la main droite, descendre la main gauche sous la crosse, la main droite restant libre à la poignée.

Deuxième mouvement.

88. Laisser tomber vivement la main droite à sa position.

Reposez-vous — SUR VOS ARMES.

Un temps et deux mouvemens.

Premier mouvement.

89. Descendre l'arme en alongeant vivement le bras gauche, la saisir en même temps avec la main droite au-dessus et près de la capucine, lâcher l'arme de la main gauche, et la porter vivement vis-à-vis l'épaule droite, la baguette en avant, le petit doigt derrière le canon, la main droite appuyée à la hanche, la crosse à environ huit centimètres (trois pouces) de terre, l'arme d'aplomb, la main gauche pendant sur le côté.

Deuxième mouvement.

90. Laisser glisser l'arme dans la main, la laisser tomber sans frapper, et prendre la position qui va être indiquée.

Position du soldat reposé sur l'arme.

91. La main basse, le canon entre le pouce et le premier doigt alongé le long de la monture, les trois autres doigts alongés et joints, le bout du canon à environ cinq centimètres (deux pouces) de l'épaule droite, la baguette en avant, le talon de la crosse à côté et contre la pointe du pied droit, l'arme d'aplomb.

92. Lorsque l'instructeur voudra faire re-

poser dans cette position, il commandera :

REPOS.

93. A'ce commandement, les soldats passeront la main droite étendue sur la baguette et appuieront le bout du canon contre l'épaule droite.

94. Lorsque l'instructeur voudra faire passer les soldats de l'état de repos à celui d'immobilité, il commandera :

1. *Garde à vous.*

2. PELOTON.

95. Au second commandement, les hommes reprendront la position du soldat reposé sur l'arme.

Portez — VOS ARMES.

Un temps et deux mouvemens.

Premier mouvement.

96. Elever vivement l'arme de la main droite, la porter contre l'épaule gauche, en la faisant tourner, pour que le canon se trouve en dehors; placer en même temps la main gauche sous la crosse, et descendre la main droite contre la batterie.

Deuxième mouvement.

97. Laisser tomber vivement la main droite à sa position.

Croisez — LA BAIONNETTE.

Un temps et deux mouvemens.

Premier mouvement.

98. Faire un demi-à-droite sur le talon gauche, placer en même temps le pied droit en équerre derrière le talon gauche, le milieu du pied vis-à-vis et à huit centimètres (trois pouces) du talon; tourner l'arme avec la main gauche, la platine en dessus et la saisir en même temps à la poignée avec la main droite, l'arme d'aplomb et détachée de l'épaule; laisser la main gauche sous la crosse.

Deuxième mouvement.

99. Abattre l'arme avec la main droite dans la main gauche, qui la saisira un peu en avant de la capucine, le canon en dessus, le coude gauche près du corps, la main droite appuyée contre la hanche droite, la pointe de la baïonnette à hauteur de l'œil. Les hommes du second et du troisième rangs auront attention que la pointe de leurs baïonnettes ne touche pas leurs chefs de file.

Portez — VOS ARMES.

Un temps et deux mouvemens.

Premier mouvement.

100. Tourner sur le talon gauche pour se remettre face en tête, rapporter le talon droit à côté du gauche, redresser en même temps l'arme de la main droite, la porter à l'épaule gauche, et placer la main gauche sous la crosse.

Deuxième mouvement.

101. Laisser tomber vivement la main droite à sa position.

CHARGE EN DOUZE TEMPS

AVEC LES FUSILS PERCUTANS,

31 Mars 1842.

1. Chargez — VOS ARMES.

1 Temps et 4 mouvemens.

102. — 1er M^{nt}. — Faire un demi à droite sur le talon gauche, appuyer en même temps le pied droit contre le talon gauche, tourner l'arme avec la main gauche, la platine en dessus, et la saisir en même temps à la poignée avec la main droite, l'arme d'aplomb et détachée de l'épaule; laisser la main gauche sous la crosse.

103. — 2e M^{nt}. — Abattre l'arme avec la main droite dans la main gauche, qui viendra en même temps la saisir à la capucine, le pouce alongé le long du bois, la crosse

sous l'avant-bras droit, la poignée du fusil contre le corps, à environ 7 centimètres au-dessous du téton droit, le bout du canon à hauteur de l'œil.

104. — 3e M^{nt}. — Saisir la crête du chien avec la première phalange du pouce de la main droite, les autres doigts embrassant la poignée en arrière de la sous-garde, le coude légèrement levé.

105. — 4e M^{nt}. — Faire effort avec le pouce sur la crête du chien, en rabattant le coude ; les autres doigts servant d'appui, mettre le chien au cran du repos sans brusquerie, en faisant sonner distinctement le cran de la noix ; porter la main droite à la poche aux capsules ; et l'ouvrir.

2. Prenez — LA CAPSULE.

1 Temps et 1 mouvement.

106. Prendre la capsule entre le pouce et les deux premiers doigts presque fermés, la porter près de la cheminée, les ongles renversés, le coude le long de la crosse.

3. AMORCEZ.

1 Temps et 1 mouvement.

107. Baisser la tête, fixer les yeux sur la cheminée, y placer la capsule, appuyer fortement dessus avec le pouce pour l'enfoncer entièrement, les autres doigts fermés, porter ensuite le pouce en travers sur le chien,

le premier doigt sur la détente, les autres embrassant la poignée de l'arme et contre la sous-garde.

4. Couvrez — LA CAPSULE.

1 Temps et 1 mouvement.

108. Dégager avec le pouce le chien du cran du repos, presser légèrement la détente avec le premier doigt, conduire le chien à l'abattu, en le soutenant avec le pouce, saisir l'arme à la poignée, le coude droit en arrière et un peu détaché du corps.

5. L'arme — A GAUCHE.

1 Temps et 3 mouvemens.

109. — 1er Mnt. — Passer l'arme le long de la cuisse gauche, en la redressant près du corps ; à cet effet, appuyer fortement sur la crosse en étendant vivement le bras droit, sans baisser l'épaule droite ; tourner en même temps la baguette vers le corps ; ouvrir la main gauche et laisser glisser l'arme dans cette main jusqu'au-dessous de la grenadière, le coude restant près du corps ; le chien portant sur le pouce de la main droite ; faire en même temps face en tête, en tournant sur le talon gauche, et porter le pied droit en avant, le talon contre le milieu du pied gauche.

110. — 2e Mnt. — Lâcher le fusil de la main droite, descendre l'arme avec la main

gauche le long et près du corps ; remonter en même temps la main droite à hauteur et près du bout du canon, les quatre doigts réunis sur la douille de la baïonnette, le pouce sur la baguette, poser la crosse à terre sans frapper, la main gauche appuyée au corps, l'arme touchant la cuisse gauche, le bout du canon vis-à-vis le milieu du corps.

111. — 3e M^{nt}. — Passer rapidement la main le long et près du corps pour ouvrir la giberne.

6. Prenez — LA CARTOUCHE.

1 Temps et 1 mouvement.

112. Prendre la cartouche entre le pouce et les deux premiers doigts et la porter entre les dents, le coude au corps.

7. Déchirez — LA CARTOUCHE.

1 Temps et 1 mouvement.

113. Déchirer la cartouche jusqu'à la poudre, la fermer à l'ouverture avec le pouce et les deux premiers doigts, porter la main droite à hauteur et près du bout du canon.

8. Cartouche — DANS LE CANON.

1 Temps et 1 Mouvement.

114. Porter l'œil sur le bout du canon ; tourner

brusquement le dessus de la main droite vers le corps, pour renverser la poudre dans le canon, en élevant le coude à la hauteur du poignet; secouer la cartouche, l'enfoncer dans le canon, et laisser la main renversée, *les doigts fermés sans les serrer.*

9. Tirez — LA BAGUETTE.

1 Temps et 3 mouvemens.

115. — 1er M^{nt}. — Baisser vivement le coude droit et saisir la baguette entre le pouce et le premier doigt ployé, les autres fermés, la tirer vivement en alongeant le bras; la ressaisir par le milieu entre le pouce et le premier doigt, la main renversée, la paume de la main en avant, les ongles en l'air les yeux suivant le mouvement de la main, dégager la baguette du tenon, en alongeant de nouveau le bras.

116. — 2e M^{nt}. — Tourner rapidement la baguette entre la baïonnette et le visage en fermant les doigts, les baguettes des hommes du second rang rasant l'épaule droite de l'homme qui est immédiatement devant eux dans leur file, la baguette droite est parallèle à la baïonnette, le bras tendu, le gros bout de la baguette vis-à-vis l'embouchure du canon, sans y être engagé, les yeux fixés sur cette embouchure.

117. — 3e M^{nt}. — Mettre le gros bout de la baguette dans le canon et l'y enfoncer jusqu'à la main.

10. BOURREZ.

1 Temps et 1 mouvement.

118. Etendre le bras dans toute sa longueur, en remontant la main droite pour saisir la baguette avec le pouce alongé, le premier doigt ployé et les autres fermés ; la chasser avec force dans le canon deux fois de suite et la ressaisir par le petit bout entre le pouce et le premier doigt ployé, les autres fermés, le coude droit joint au corps.

11. Remettez — LA BAGUETTE.

1 Temps et 3 mouvemens.

119. — 1er Mᵘᵗ. — Tirer vivement la baguette, la ressaisir par le milieu entre le pouce et le premier doigt, la main renversée, la paume de la main en avant, les ongles en l'air les yeux suivant le mouvement de la main; dégager la baguette du canon en alongeant le bras.

120. — 3e Mᵘᵗ. — Tourner rapidement la baguette entre la baïonnette et le visage, en fermant les doigts, les baguettes des hommes du 2e et 3me rang rasant l'épaule droite de l'homme qui est immédiatement devant eux dans leur file, la baguette droite et parallèle à la baïonnette, le bras tendu, le petit bout de la baguette vis-à-vis l'entrée du te-

non, sans y être engagé, les yeux fixés sur cette entrée.

121. — 3° M^t — Engager le petit bout dans le tenon, et faire glisser la baguette avec le pouce, qui l'accompagnera jusqu'à la grenadière; remonter vivement la main un peu ployée; mettre le petit doigt sur le gros bout de la baguette, afin de l'enfoncer descendre la main gauche le long dn canon, en alongeant le bras de toute sa longueur sans baisser l'épaule.

12. Portez — VOS ARMES.

1 Temps et 3 mouvemens.

122. — 1er M^t. — Elever l'arme avec la main gauche le long du corps, la main à la hauteur du menton, l'avant-bras joint à l'arme, le canon en dehors; descendre en même temps la main droite pour saisir l'arme au-dessus de la poignée, le premier doigt touchant le chien, et le pouce sur la contre-platine.

123. — 2° M^t.—Elever l'arme de la main droite, descendre la main gauche et la porter sous la crosse; reporter le talon droit à côté du gauche et sur le même alignement; appuyer l'arme avec la main droite contre l'épaule, dans la position indiquée pour le port d'armes, la main droite restant à l'arme sans le serrer.

124. — 3e M^nt. — Laisser tomber vivement la main droite le long de la cuisse, dans la position prescrite.

INSTRUCTION POUR LES FEUX

AVEC LES FUSILS PERCUTANS.

21 Juin 1842.

Apprêtez—VOS ARMES.

Un temps et quatre mouvemens.

POSITION DU PREMIER RANG.

125. — 1er M^nt. — Tourner l'arme avec la main gauche, la platine en dessus, la saisir à la poignée avec la main droite et tourner un peu la pointe du pied gauche, en dedans.

126. — 2e M^nt. — Porter vivement le pied droit en arrière, la pointe du pied à environ 76 centimètres (28 pouces) du talon gauche, et à 16 centimètres (6 pouces) sur la droite, suivant la taille de l'homme, de manière que

le genou posant à terre, comme il sera expliqué au troisième mouvement, se trouve à environ 27 centimètres (10 pouces) en arrière du talon gauche, et à 16 centimètres (6 pouces) sur la droite; les genoux un peu ployés, le corps d'aplomb et portant également sur les deux jambes; descendre en même temps l'arme avec la main droite, vis à-vis la cuisse droite, en achevant de la tourner, la baguette en avant, la saisir avec la main gauche à la capucine, la main à la hauteur du coude.

127. — 3e M^{nt}. — Poser le genou droit à terre, en observant de ne pas tomber brusquement; poser la crosse à terre sans frapper de manière qu'elle soit devant la cuisse droite, son bec sur l'alignement du talon gauche, saisir la crête du chien avec le pouce et le premier doigt de la main droite, le pouce en-dessus, les autres doigts fermés.

128. — 4e M^{nt}. — Armer, en appuyant sur la crête du chien, mais progressivement et sans brusquer, en l'accompagnant avec le pouce et le premier doigt jusqu'au cran d'arrêt.

POSITION DU SECOND RANG.

129. — 1er M^{nt}. — Comme le premier mouvement du premier temps de la charge.

130 — 2e M^{nt} — Apporter l'arme avec la main droite au milieu du corps; placer la main gauche le petit doigt joignant l'évide-

ment du bois gauche en avant de la platine, le pouce alongé le long du bois, à hauteur du menton, la contre-platine tournée presque vers le corps, la baguette vers le front du bataillon.

131. — 3e M^{nt}. — Porter le pouce de la main droite sur la crête du chien, le premier doigt au-dessous et contre la sous-garde, les trois autres doigts joints au premier, le coude à la hauteur de la main.

132. — 4e M^{nt}. — Fermer lentement le coude en appuyant sur la crête du chien avec le pouce de la main droite pour armer, mais progressivement et sans secousse, saisir l'arme à la poignée, la descendre le long du corps, en la laissant glisser jusqu'à la capucine dans la main gauche, qui restera à hauteur de l'épaule.

POSITION DU TROISIÈME RANG.

133. Les 4 mouvemens comme ceux du second rang.

JOUE.

Un temps et un mouvement.

134. Abaisser vivement le bout du canon, la main gauche restant à la capucine, appuyer la crosse contre l'épaule, les coudes abattus sans être serrés au corps ; fermer l'œil gauche, abaisser la tête sur la crosse pour ajus-

ter, diriger l'œil droit sur le canon, à travers la raie pratiquée dans la partie supérieure de la culasse, et placer le premier doigt sur la détente.

134 *bis.* Les hommes du troisième rang seulement porteront en même temps le pied droit à 22 centimètres (8 pouces) sur la droite, vers le talon gauche de l'homme qui est à côté d'eux.

FEU.

Un temps et un mouvement.

135. Appuyer avec force le doigt sur la détente, sans baisser davantage la tête ni la détourner, et rester dans cette position.

CHARGEZ.

Un temps et trois mouvemens.

136. — 1er Mnt. — Retirer brusquement l'arme et prendre la position du deuxième mouvement du premier temps de la charge. Le premier rang se relèvera vivement, sans pencher le corps en avant, mais en effaçant l'épaule droite, afin de ne pas rencontrer l'arme du deuxième rang; le troisième rang rapportera le pied droit derrière le gauche.

137. — 2e Mnt. — Comme le troisième mouvement de la charge.

Portez — VOS ARMES.

138. Au commandement de *Portez*, pren-

8

dre la position du 2ᵉ mouvement du premier temps de la charge ; au commandement de *VOS ARMES*, porter les armes vivement en se remettant face en tête.

Redressez — VOS ARMES.

Un temps et un mouvement.

139. Retirer le doigt de dessus la détente, redresser fortement l'arme, et reprendre la position du quatrième mouvement du temps d'*Apprêtez* — VOS ARMES.

140. Les soldats étant dans la postion du 4ᵉ Mouvement d'*Apprêtez* — *VOS ARMES*, si l'intructeur veut leur faire porter l'arme, il commandera :

Portez — VOS ARMES.

141. Au commandement de *Portez*, le 1ᵉʳ rang se relèvera et les deux autres reviendront face en tête, les trois rangs rapporteront l'arme au milieu du corps, le pouce de la main gauche à hauteur du menton, et le petit doigt touchant l'évidement du bois en avant de la platine ; placer ensuite le pouce de la main droite sur la crête du chien, appuyer le premier doigt sur la détente, soutenir en même temps le chien, en le laissant descendre pour couvrir la capsule, et saisir l'arme à la poignée avec la main droite. Au commandement de *VOS ARMES*, por-

ter vivement l'arme à l'épaule, et reprendre la position du port d'armes.

142. Les soldats étant au port-d'armes, lorsque l'instructeur voudra leur faire remettre la baïonnette, il commandera :

Remettez — LA BAÏONNETTE.

Un temps et trois mouvemens.

Premier mouvement.

143. Descendre l'arme en alongeant vivement le bras gauche, la saisir avec la main droite au-dessus et près de la capucine.

Deuxième mouvement.

144. Descendre l'arme de la main droite le long de la cuisse gauche, la saisir de la main gauche au-dessus de la droite, alonger le bras gauche, poser la crosse à terre sans frapper, et porter en même temps la main droite à la baïonnette, la saisir par la douille et la branche, de manière que l'extrémité de la douille dépasse le talon de la main de deux centimètres (un pouce), et qu'en la tirant le pouce s'alonge sur la lame.

Troisième mouvement.

145. Oter la baïonnette, la remettre dans le fourreau, porter ensuite le petit doigt de la main droite sur le gros bout de la baguette, descendre la main gauche le long du canon, en alongeant le bras sans baisser l'épaule.

Portez — VOS ARMES.

146. Comme au deuxième temps de la charge.

L'arme sous le bras — GAUCHE.

Un temps et deux mouvemens.

Premier mouvement.

147. Saisir brusquement l'arme avec la main droite, le pouce sur la contre-platine et le premier doigt contre le chien : détacher en même temps l'arme de l'épaule, le canon en dehors, sans que le bec de la crosse change de place, la saisir avec la main gauche à la capucine, le pouce alongé sur la baguette, l'arme d'aplomb vis-a-vis l'épaule, le coude gauche joint à l'arme.

Deuxième mouvement.

148. Renverser l'arme, la passer sous le bras gauche, la main gauche restant à la capucine, le pouce appuyé sur la baguette pour l'empêcher de glisser, le petit doigt appuyé à la hanche : la main droite tombant en même temps à sa position.

Portez — VOS ARMES.

Un temps et deux mouvemens.

Premier mouvement.

149. Relever l'arme de la main gauche, sans trop brusquer ce mouvement, pour empêcher que la baguette ne s'échappe des te-

nons la saisir de la main droite à la poignée pour l'appuyer contre l'épaule ; quitter en même temps l'arme de la main gauche, et placer brusquement cette main sous la crosse.

Deuxième mouvement.

150. Laisser tomber vivement la main droite à sa position, descendre en même temps l'arme avec la main gauche à la position du port-d'armes.

Baïonnette — AU CANON.

Un temps et trois mouvemens.

Premier et second mouvemens.

151. Comme le premier et le second mouvemens de *remettez la baïonnette*, excepté qu'à la fin du second mouvement la main droite ira saisir la baïonnette par la douille et la branche, de manière que l'extrémité de la douille dépasse de deux centimètres (un pouce) le talon de la main.

Troisième mouvement.

152. Arracher la baïonnette du fourreau, la porter et la fixer au bout du canon; mettre le petit doigt de la main droite sur le gros bout de la baguette, descendre la main gauche le long du canon en alongeant le bras, sans baisser l'épaule.

Portez — VOS ARMES.

153. Comme au douzième temps de la charge.

Descendez — VOS ARMES.

Un temps et deux mouvemens.

Premier mouvement.

154. Comme le premier mouvement de *reposez-vous sur vos armes.*

Deuxième mouvement.

155. Incliner un peu le bout du canon en avant, la crosse en arrière et à environ huit centimètres (trois pouces) de terre ; la main droite appuyée à la hanche, contiendra l'arme de manière que les hommes du second et du troisième rang ne touchent pas avec leurs baïonnettes ceux qui sont devant eux.

Portez — VOS ARMES.

156. Au commandement de *portez*, redresser l'arme perpendiculairement dans la main droite ; au commandement de *vos armes*, exécuter ce qui a été prescrit pour les porter, en partant de la position du soldat reposé sur l'arme.

L'arme sur l'épaule — DROITE.

Un temps et un mouvement.

157. Tourner l'arme avec la main gauche,

la platine en dessus; la saisir en même temps avec la main droite, la main gauche ne quittant pas la crosse, le chien en dessus, le bout du canon en l'air; contenir l'arme dans cette position, en plaçant la main droite sur le plat de la crosse; de manière que le bec se trouve entre les deux premiers doigts, et que les autres doigts soient sous la crosse; laisser tomber la main gauche dans le rang.

Portez — VOS ARMES.

158. Redresser l'arme en alongeant le bras droit, la saisir avec la main gauche au-dessus de la batterie, la rapporter contre l'épaule gauche, en tournant le canon en dehors; la main droite étant à la poignée, placer la main gauche sous la crosse, et laisser tomber la main droite dans le rang.

L'arme — A VOLONTÉ.

Un temps et un mouvement.

159. Porter l'arme indifféremment sur l'une ou l'autre épaule, d'une ou de deux mains, l'extrémité du canon en l'air.

Portez — VOS ARMES.

160. Reprendre vivement la position du port d'armes.

161. Les soldats étant reposés sur les ar-

mes lorsque l'instructeur voudra faire mettre les armes à terre, il commandera :

Vos armes — A TERRE.

Un temps et deux mouvemens.

Premier mouvement.

162. Tourner l'arme de la main droite la contre - platine en avant, saisir en même temps la giberne par le coin du coffret avec la main gauche, courber le corps brusquement, avancer le pied gauche, le talon vis-à-vis la capucine; poser l'arme à terre droit devant soi avec la main droite, le talon de la crosse restant toujours à hauteur de la pointe du pied droit, le jarret droit un peu ployé, le talon droit élevé.

Deuxième mouvement.

163. Se relever, rapporter le pied gauche à côté du droit, lâcher la giberne, et laisser tomber les deux mains à leur position.

Relevez — VOS ARMES.

Un temps et deux mouvemens.

Premier mouvement.

164 Saisir le coin de la giberne avec la main gauche, courber le corps brusquement, avancer le pied gauche, le talon vis-à vis la capucine, le jarret droit un peu ployé, le

talon droit élevé, et saisir l'arme avec la main droite.

Deuxième mouvement.

165. Relever l'arme, reporter le pied gauche à côté du droit, retourner aussitôt l'arme avec la main droite la baguette en avant; lâcher en même temps la giberne, et laisser tomber la main gauche à sa position.

INSPECTION DES ARMES.

166. Les soldats étant reposés sur les armes, et ayant la baïonnette dans le fourreau, si l'instructeur veut faire l'inspection des armes, il commandera :

Inspection — DES ARMES.

Un temps et trois mouvemens.

Premier mouvement.

167. Faire un à droite-et-demi sur le talon gauche, en portant le pied droit à seize centimètres (six pouces) du gauche perpendiculairement en arrière de l'alignement, les pieds en équerre; saisir brusquement l'arme de la main gauche un peu au-dessus de la grenadière, incliner le bout du canon en arrière sans que la crosse bouge; la baguette tournée vers le corps; porter en même temps la main droite à la baïonnette et la saisir comme il est prescrit au n° 144.

Deuxième mouvement.

168. Arracher la baïonnette du fourreau, la porter et la fixer au bout du canon; saisir ensuite la baguette, la tirer comme il est expliqué à la charge en douze temps, et la laisser glisser dans le canon.

Troisième mouvement.

169. Se remettre vivement face en tête, en saisissant l'arme avec la main droite, et prendre la position du soldat reposé sur l'arme.

170. L'instructeur inspectera ensuite successivement l'arme de chaque soldat, en passant devant le rang. Chaque soldat à mesure que l'instructeur passera devant lui, élèvera vivement son arme à la main droite, la saisira avec la main gauche, entre la capucine et le ressort de la batterie, platine en dehors, la main gauche à hauteur du menton; l'arme vis-à vis l'œil gauche, l'instructeur la prendra, et la lui rendra après l'avoir examinée; le soldat la reprendra de la main droite et la replacera à la position *du soldat reposé sur l'arme.*

171. Lorsque l'instructeur l'aura dépassé, chaque soldat reprendra la position prescrite au commandement *d'inspection des armes;* et mettra la baguette; après quoi il reviendra face en tête.

172. Si, au lieu de faire l'inspection des armes, l'instructeur veut seulement faire

mettre la baïonnette au canon, il commandera;

Baïonnette — AU CANON.

173. Prendre la position indiquée ci-dessus, n° 167, mettre la baïonnette au bout du
canon, comme il a été expliqué, et revenir
aussitôt face en tête.

174. La baïonnette étant au bout du canon, si l'instructeur veut faire mettre la
baguette dans le canon, pour faire l'inspection des armes après avoir tiré, il commandera :

Baguette. — DANS LE CANON.

175. Mettre la baguette dans le canon,
comme il a été expliqué ci-dessus, et faire
aussitôt face en tête.

179. L'instructeur, voulant seulement exa-
miner si l'arme n'est pas chargée, pourra,
pour s'en assurer, prendre la baguette par
le petit bout, et la faire sauter dans le canon.

177. Chaque soldat, à mesure que l'instructeur l'aura dépassé, reprendra la position prescrite au commandement de *baguette dans le canon*, remettra la baguette,
et reviendra face en tête.

Observations relatives au maniement des armes.

178 Le maniement des armes déforme

souvent, chez les hommes de recrue, la position du corps, quand elle n'est pas encore parfaitement assurée. Il est donc nécessaire que l'instructeur les ramène souvent à la régularité de la position et du port d'armes dans le cours des leçons.

179. Les hommes de recrue sont aussi forts sujets à creuser les reins et à renverser le corps, surtout au premier temps de la charge lorsqu'on les y tient trop longtemps Ainsi l'instructeur doit éviter de trop les arrêter dans cette position.

TROISIÈME LEÇON.

Charge en quatre temps.

180. L'objet de cette charge est de préparer les soldats à la charge à volonté, et de leur faire distinguer les temps qui exigent le plus de régularité et d'attention, telles que ceux d'*amorcer, mettre la cartouche dans le canon* et *bourrer;* cette charge sera divisée ainsi qu'il suit :

181. Le premier temps s'exécutera à la fin du commandement, les trois autres aux commandemens de *deux, trois* et *quatre.*

L'instructeur commandera :

CHARGE EN QUATRE TEMPS.

Chargez — VOS ARMES.

183.Exécuter le premier temps de la charge, prendre la capsule, amorcer, couvrir la capsule, saisir l'arme à la poignée.

184. 2. Passer l'arme à gauche, prendre la cartouche, la déchirer, la mettre dans le canon, la secouer et l'enfoncer.

185. 3. Tirer la baguette, la faire entrer dans le canon jusqu'à la main, et bourrer deux coups.

184. 4. Remettre la baguette et porter l'arme.

CHARGE A VOLONTÉ.

Elle s'exécute comme la charge en quatre temps, mais de suite et sans s'arrêter sur aucun temps.

L'instructeur commandera :

CHARGE A VOLONTÉ.

Chargez — VOS ARMES.

OBSERVATIONS

RELATIVES AUX CHARGES.

188. L'instructeur observera que les soldats qui, *sans se presser en apparence*, chargent avec calme et sang-froid, sont ceux qui chargent le mieux et le plus promptement, parce qu'ils tournent la baguette sans accrocher celle des hommes qui sont à côté d'eux ou devant eux; qu'ils ne manquent ni l'em-

bouchure du canon, ni celle du tenon; qu'ils bourrent mieux ; qu'ils ne répandent pas la poudre en amorçant, et ne laissent pas tomber les cartouches en les prenant dans la giberne; objets essentiels, auxquels l'instructeur obligera les soldats à donner la plus grande attention.

189. L'instructeur exigera de la régularité dans l'exécution des temps et dans les positions, sans quoi les soldats se gêneraient et s'embarrasseraient réciproquement; il les habituera progressivement à charger leurs armes le plus promptement possible, sans se régler sur leurs voisins, et surtout sans les attendre.

190. La cadence prescrite au n° 70 n'est point applicable aux mouvemens dont se composent la charge en quatre temps et la charge à volonté.

QUATRIÈME LEÇON.

Feux.

191. Les Feux seront directs ou obliques, s'exécuteront ainsi qu'il va être expliqué.

Feu direct.

192. L'instructeur fera les commandemens suivans :

1. *Feu de peloton.*
2. *Peloton.*

3. ARMES.
4. JOUE.
5. FEU.
6. CHARGEZ.

193. Ces divers commandemens seront exécutés comme il a été prescrit au maniement
des armes. Au troisième, les trois hommes
prendront la position qui a été indiquée,
suivant le rang dans lequel ils se trouvent
placés ; après le sixième commandement, ils
chargeront leurs armes et les porteront.

Feux obliques.

194. Les feux obliques s'exécuteront à
droite et à gauche, et par les mêmes commandemens que le feu direct, avec cette
seule différence que le commandement de
joue sera précédé chaque fois par le commandement de *oblique à droite* ou *oblique à
gauche*, qui sera fait après celui d'*armes*.

Positions des trois rangs dans les feux obli-
ques à droite.

195. Au commandement d'*armes*, les trois
rangs exécuteront ce qui leur a été prescrit
pour le feu direct.

196. Au commandement d'avertissement
de *oblique à droite*, les trois rangs effaceront
l'épaule droite et regarderont fixement l'objet sur lequel ils doivent tirer ; dans cette
position, les deux derniers rangs seront prêts.

à mettre en joue dans le même créneau que dans le feu direct, quoique dans une direction oblique.

197. Au commandement de *joue*, le premier rang dirigera le bout du canon à droite, en inclinant le genou gauche en dedans sans déranger les pieds. Le second rang dirigera de même le bout du canon à droite sans bouger les pieds. Le troisième rang avancera le pied gauche d'environ seize centimètres (six pouces) vers la pointe du pied droit de l'homme du second rang de sa file, portera le haut du corps en avant, en pliant un peu le genou gauche, et dirigera le bout du canon à droite.

198. Au commandement de *chargez*, les trois rangs, reprendront la position qui leur a été prescrite dans le feu direct; le troisième rang rapportera le talon gauche vis-à-vis le milieu du pied droit en retirant l'arme.

Position des trois rangs dans les feux obliques à gauche.

199. Au commandement d'*armes*, les trois rangs exécuteront ce qui *leur a été prescrit* pour le feu direct.

200. Au commandement d'avertissement de *oblique à gauche*, les trois rangs effaceront l'objet sur lequel ils doivent tirer : dans cette position, les hommes des deuxième et troisième rangs seront prêts à mettre en joue

dans le créneau à gauche de leur chef de file et dans une direction oblique.

201. Au commandement de *joue*, le premier rang dirigera le bout du canon à gauche sans incliner le genou, ni bouger les pieds. Le deuxième rang mettra en joue dans le créneau à gauche de son chef de file, sans bouger les pieds. Le troisième rang avancera le pied gauche d'environ seize centimètres (six pouces) vers le talon droit de l'homme du second rang de sa file ; il avancera aussi le haut du corps en ployant un peu le genou gauche, et mettra en joue dans le créneau gauche de son chef de file.

202. Au commandement de *chargez*, les trois rangs retireront leurs armes dans la position oblique où elles se trouvent, et amorceront dans cette position ; le troisième rang rapportera le talon gauche vis-à-vis le milieu du pied droit. En passant l'arme à gauche, les trois rangs prendront la même position que dans le feu direct.

Observations relatives aux feux obliques.

Effacer une épaule en mettant en joue,

203. Afin de pouvoir diriger le bout du canon plus ou moins obliquement, selon la position de l'objet auquel on visera.

L'instructeur rendra ce principe sensible aux hommes de recrue, en plaçant un homme en avant, plus ou moins vers la droite ou

vers la gauche, pour figurer cet objet, lorsqu'ils connaîtront bien l'emboîtement des
feux obliques.

Porter le pied gauche à seize centimètres
(six pouces) en avant, et faire avancer le
haut du corps au troisième rang,

Afin d'éviter les accidens, parce que, sans
cette précaution, les armes du troisième
rang ne déborderaient pas suffisamment le
premier rang dans la position oblique où
elles se trouvent.

Dans le feu oblique à gauche, retirer les armes
et amorcer dans la position oblique où elles
se trouvent,

Parce que, si l'on voulait reprendre la
même position que dans les feux directs, en
retirant l'arme pour amorcer, il faudrait la
faire passer par dessus la tête de l'homme qui
est devant soi.

Feux de deux rangs.

204. Le feu de deux rangs s'exécutera par
les deux premiers rangs : le troisième, ne
faisant que charger et passer l'arme au second rang, ne tirera point; au moyen de
cette disposition, le premier rang tirera debout.

205. L'instructeur fera les commandemens suivans :

1. *Feu de deux rangs.*

2. *Peloton.*

3. ARMES.

4. COMMENCER LE FEU.

206. Au troisième commandement, les trois rangs prendront la position prescrite pour les deuxième et troisième rangs dans les feux directs, excepté que le troisième rang n'armera pas.

207. Au quatrième commandement, l'homme du premier rang et celui du second mettront en joue ensemble, et feront feu; celui du second rang, en mettant en joue, portera le pied droit à vingt-deux centimètres (huit pouces) sur la droite, vers le talon gauche de l'homme qui est à côté de lui, et fera feu dans cette position. L'homme du troisième rang ne devant pas tirer, ne fera que charger et passer son arme à celui du second rang.

208. L'homme du premier rang chargera vivement son arme, et tirera de nouveau; puis rechargera son arme, fera feu de nouveau et ainsi de suite.

209. L'homme du second rang, après avoir fait feu, passera son arme de la main droite, au soldat du troisième rang de sa file; celui-ci la prendra de la main gauche, et passera

la sienne de la main droite, au soldat du second rang, qui la recevra de la main gauche; l'homme du second rang tirera avec l'arme de celui du troisième, la chargera ensuite, et tirera un second coup avec la même arme, qu'il repassera aussitôt à l'homme du troisième rang, et ainsi de suite; en sorte que l'homme du deuxième rang tire toujours deux coups de suite avec la même arme, avant de la repasser à celui du troisième rang, excepté la première fois.

210. Après le premier feu, l'homme du premier rang et celui du second ne s'astreindront plus à tirer ensemble.

211. Les trois rangs feront toujours face en tête en passant l'arme à gauche; et, après avoir chargé, ils prendront la position indiquée ci-dessus, nᵒˢ 126 et suivans: à cet effet, chaque soldat, ayant remis la baguette, élevera son arme de la main gauche, la faisant glisser dans cette main, qui se placera contre le ressort de la batterie à hauteur du menton, en même temps qu'il fera un demi-à-droite pour revenir à la position prescrite, et que le pouce de la main droite se placera sur la tête du chien pour armer, le premier doigt au-dessous et contre la sous-garde. Le premier et le second rang, après avoir armé, prendront la position prescrite au nᵒ 129: l'homme du troisième rang passera toujours son fusil à celui du second rang sans être armé.

212. Lorsque l'instructeur voudra faire cesser le feu, il commandera :

Roulement.

213. A ce commandement le soldat ne tirera plus ; chaque homme mettra son arme au repos, la chargera ou achèvera de la charger, si elle ne l'est pas, et la portera ; les hommes du second et du troisième rang, ayant attention de reprendre l'arme qui leur appartient.

Observations générales relatives aux feux.

214. Les feux seront exécutés dans les commencemens sans cartouches ; et ensuite avec des cartouches de son ou de scieure de bois, afin d'accoutumer le soldat à amorcer et à mettre la cartouche dans le canon promptement, mais régulièrement et sans verser la poudre, ainsi qu'à bien bourrer. On finira cette instruction par faire exécuter les feux à poudre.

215. Lorsq l'on exécutera les feux à poudre on recommandera aux soldats d'être attentifs à observer, en mettant le chien au repos, si la fumée sort par la lumière, ce qui est une indication sûre que le coup est parti : si la fumée ne sortait pas, le soldat, au lieu de recharger, épinglerait et amorcerait de nouveau. Si le soldat croyant le coup parti, avait mis une seconde charge, il devrait du moins s'en apercevoir en bourrant, par la hauteur de la charge, et il serait très-punis-

sable s'il en mettait une troisième. L'instructeur fera donc toujours l'inspection des armes après les feux à poudre, afin de vérifier si quelque soldat a commis la faute de mettre trois charges dans son fusil.

216. L'instructeur doit apporter aussi beaucoup d'attention à ce que le soldat, en mettant le chien au repos, ne réarme pas son fusil par trop de précipitation, faute dont il pourrait résulter des accidens.

Observations relatives à la seconde partie de l'Ecole du soldat.

217. Lorsqu'après quelques jours d'exercice de la leçon du maniement des armes, les trois hommes seront affermis dans le port d'armes, l'instructeur terminera toujours la leçon par les faire marcher pendant quelque temps sur un rang et à un pas l'un de l'autre, afin de les affermir de plus en plus dans le mécanisme du pas direct et du pas oblique; il leur montrera aussi à marquer et à changer le pas, ce qui s'exécutera de la manière suivante :

Marquer le pas.

218. Les trois hommes étant en marche au pas ordinaire, l'instructeur commandera :

1. *Marquez le pas.*

2. MARCHE.

219. Au second commandement qui sera fait à l'instant où le pied va poser à terre, les soldats simuleront le pas, en rapportant les talons à côté l'un de l'autre sans avancer, et en observant la cadence du pas.

220. Lorsque l'instructeur voudra faire reprendre le pas ordinaire, il commandera :

1. *En avant.*

2. MARCHE.

221. Au second commandement, qui sera fait comme il est prescrit ci-dessus, les soldats reprendront le pas de deux pieds.

Changer le pas.

222. Les soldats étant en marche au pas ordinaire, l'instructeur commandera :

1. *Changez le pas.*

2. MARCHE.

223. Au second commandement qui sera fait à l'instant où le pied va poser à terre, les soldats rapporteront vivement le pied qui est derrière, à côté de celui qui vient de poser à terre, et repartiront de ce dernier pied.

TROISIÈME PARTIE.

RÈGLES GÉNÉRALES.

224. Lorsque les hommes de recrue seront

bien affermis dans les principes et le mécanisme du pas, la position du corps et le port
d'armes, l'instructeur réunira six hommes
au moins et neuf au plus, pour leur apprendre les principes d'alignement, celui du tact
des coudes en marchant de front, le pas accéléré, le pas en arrière, les principes de la
marche de flanc, les conversions du pied
ferme, les conversions en marchant; et les
changemens de direction du côté du guide :
il les placera sur un rang coude à coude, et
les numérotera de la droite à la gauche.

PREMIÈRE LEÇON.

Alignemens.

225. L'instructeur exercera d'abord les
soldats de recrue à s'aligner homme par
homme, afin de leur mieux faire comprendre les principes de l'alignement ; à cet effet,
il commandera aux deux premiers hommes
de l'aile droite de marcher deux pas en
avant, et les ayant alignés, il avertira successivement chaque homme, en le désignant
par son numéro, de se porter sur l'alignement des deux premiers.

226. Chaque soldat, à l'avertissement qui
lui sera fait par l'instructeur de se porter
sur l'alignement, tournera la tête et les yeux
à droite dans la position prescrite à la pre-

mière leçon de la première partie ; marchera, dans la cadence du pas ordinaire, deux pas en avant, en raccourcissant le dernier de manière à se trouver à environ seize centimètres (six pouces) en arrière du nouvel alignement, qu'il ne doit jamais dépasser ; il se portera ensuite, par de petits pas, les jarrets tendus, tranquillement et sans saccade, à côté de l'homme auquel il doit appuyer, de manière que, sans déranger la position de sa tête, la ligne de ses yeux, ainsi que celle des épaules, se trouvent dans la direction de celle de son voisin, et qu'il sente légèrement le coude de ce dernier, sans ouvrir le sien.

227. L'instructeur voyant les soldats alignés, commandera :

FIXE.

228. A ce commandement, les soldats replaceront la tête dans la position directe.

229. L'alignement à gauche se prendra d'après les mêmes principes.

230. Lorsque les hommes de recrue auront ainsi appris à s'aligner, homme par homme, correctement et sans tâtonner, l'instructeur fera aligner le rang entier à la fois, par le commandement suivant :

A droite (ou *à gauche*) — ALIGNEMENT.

231. A ce commandement, le rang, à l'ex-

ception des deux hommes placés d'avance pour servir de base d'alignement, se portera au pas ordinaire sur la nouvelle ligne, et s'y placera d'après les principes prescrits ci-dessus, n° 226.

232. L'instructeur, placé à cinq ou six pas en avant et faisant face au rang, veillera à l'observation des principes, et se portera ensuite à l'aile qui a servi de base à l'alignement pour le vérifier.

233. L'instructeur, voyant le plus grand nombre des soldats alignés, commandera :

FIXE.

234. L'instructeur commandera ensuite aux hommes qui ne seraient pas alignés, *telle file* ou *telles files, rentrez* ou *sortez*, en les désignant par leurs numéros ; la file ou les files désignées tourneront légèrement la tête du côté de l'alignement, pour juger de combien elles doivent avancer ou reculer, se porteront tranquillement sur la ligne, et replaceront ensuite la tête dans la position directe.

235. Les alignemens en arrière se prendront d'après les mêmes principes ; les soldats se porteront un peu en arrière de la ligne, et s'y replaceront ensuite par de petits mouvemens en avant, conformément à ce qui a été prescrit au n° 226 ; l'instructeur commandera :

En arrière à droite (ou *à gauche*).

ALIGNEMENT.

Observations relatives aux principes d'alignement.

236. L'instructeur s'attachera à faire observer les principes suivans :

Que le soldat arrive tranquillement sur la ligne.

Parce que la précipitation est contraire au bon ordre et même à la promptitude dans l'exécution, qu'on n'obtient qu'en habituant le soldat à faire tous les mouvemens avec calme, sang-froid et précision ;

Qu'il ne penche pas le corps en arrière, ni la tête en avant,

Parce que ce n'est que par la régularité de la position qu'on apprend à s'aligner.

Qu'il ne tourne pas la tête que le moins possible, seulement de manière à voir la ligne des yeux et à apercevoir légèrement la poitrine du deuxième homme du côté de l'alignement,

Afin d'éviter que la tête n'entraîne l'épaule hors du rang, et que la fausse position d'un seul homme n'induise en erreur tous ceux qui sont au-delà ;

Qu'il ne dépasse jamais l'alignement,

Parce que, si un soldat dépassait l'alignement, il serait ensuite obligé de reculer pour se replacer sur la véritable ligne : sa faute se propagerait : les hommes qui sont au-delà seraient obligés de reculer à leur tour, ce qu'il faut éviter avec d'autant plus de soin, qu'outre la perte de temps qui en résulterait, il est plus difficile de s'aligner en arrière qu'en avant ;

Qu'au commencement de *fixe*, le soldat cesse tout mouvement, quand même il ne serait pas aligné,

Afin de lui faire contracter l'habitude de juger son alignement promptement, et de s'y placer sans tâtonner ;

Qu'au commencement de *telle file* ou *telles files*, *rentrez* ou *sortez*, celles qui n'auront pas été désignées ne bougent,

Afin de ne pas déranger les files qui sont alignées ;

Que, dans les alignemens en arrière, le soldat dépasse un peu la ligne en reculant,

Afin de se placer sur la ligne par un petit mouvement en avant, parce que ce n'est que de cette manière qu'il peut bien juger de l'alignement.

Observation relative à la première leçon.

237. Après chaque alignement, l'instruc-

teur examinera la position des hommes, et fera ensuite reposer le rang sur les armes, pour empêcher que les soldats ne se fatiguent et ne se négligent sur le port-d'armes qui, dans les commencemens surtout, doit toujours être régulier.

DEUXIÈME LEÇON.

Marche de front.

238. Le rang étant correctement aligné, lorsque l'instructeur voudra le faire marcher en avant, il placera un homme bien dressé à la droite ou à la gauche, selon le côté où il voudra que soit le guide, et commandera :

1. *Peloton en avant.*
2. *Guide à droite (ou à gauche).*
3. MARCHE.

239. Au commandement de *marche*, le rang partira vivement du pied gauche ; le guide aura soin de marcher droit devant lui, et de maintenir toujours ses épaules carrément.

240. L'instructeur fera observer les règles suivantes :

Tenir légèrement au coude de son voisin du côté du guide,

Parce qu'en tenant ainsi coude à coude à

son voisin, on sera à peu près aligné, et qu'il
ne se formera pas d'ouvertures entre les files;
si, au lieu de tenir légèrement au coude de
son voisin, on s'appuyait sur lui, on l'oblige-
rait à appuyer à son tour du côté du guide,
et on repousserait par là ce dernier hors de
la direction;

Ne point ouvrir le coude gauche ni le bras
droit,

afin que le soldat ne pousse pas son voisin,
et n'occupe dans le rang que l'espace qu'il
doit y tenir;

Céder à la pression qui vient du côté du
guide, et résister à celle qui vient du côté
opposé,

Pour éviter de rejeter le guide en dehors
de la direction;

Ne rejoindre qu'insensiblement le coude de
son voisin du côté du guide, s'il venait à
s'éloigner, ou si l'on s'en était soi-même
écarté,

Parce qu'il peut arriver que le voisin se
jette mal à propos à droite ou à gauche. Si,
dans ce cas l'homme qui est à côté de lui,
et successivement ceux qui suivent, se con-
formaient brusquement à ce faux mouvement, il en résulterait que la faute d'un seul
homme se propagerait; et lorsqu'ensuite

l'homme où la faute aurait commencé, voudrait la réparer, il serait obligé de repousser son voisin, celui-ci l'homme suivant, et ainsi de suite; ce qui occasionnerait un flottement continuel dans la marche. Si, au contraire, chaque homme observe le principe de ne se conformer que peu à peu au mouvement de son voisin, ce dernier aura le temps de réparer sa faute, s'il en a fait une; son erreur ne se propagera pas, et le flottement n'aura pas lieu;

Conserver toujours la tête directe, de quelque côté que le guide soit indiqué,

Parce que si les soldats tournaient la tête du côté du guide, elle entraînerait l'épaule opposée, ce qui donnerait une fausse direction au rang, causerait une pression continuelle vers le guide, et par conséquent du flottement:

Si l'on s'aperçoit qu'on est soi-même trop en avant ou trop en arrière; ne se remettre que peu à peu sur l'alignement, en alongeant ou raccourcissant son pas d'une manière presque insensible.

Parce que les mouvemens brusques, en marchant, tendent toujours à désunir une troupe, à y causer du flottement, et font perdre la cadence; car un homme ne saurait faire un pas de deux pieds et demi dans le même espace de temps que son voisin en fait un de deux pieds, sans que le mouvement du premier ne fut plus vif que celui du second au lieu qu'on peut alonger le pas d'un ou de deux pouces sans qu'il en résulte aucune accération sensible dans le mouvement.

241. L'instructeur s'attachera à faire comprendre aux hommes de recrue que l'alignement ne peut se conserver en marchant, que par la régularité du pas, par le tact des coudes, et qu'autant que les épaules seront maintenues carrément : que si, par exemple, ils faisaient des pasplus grands les uns que les autres, ou s'ils marchaient les uns plus vite, les autres plus lentement, ils se désuniraient nécessairement ; que si, devant avoir la tête directe, ils n'observaient pas le tact des coudes, il leur serait impossible de juger s'ils marchent à une même hauteur que leur voisin, et s'il ne se forme pas entre eux des ouvertures.

242. Les soldats étant affermis dans les principes de la marche directe, l'instructeur les exercera à marcher obliquement, d'abord du côté du guide, et ensuite du côté opposé au guide, en se conformant à ce qui est prescrit nos 48 et suivans.

243. Dans la marche oblique comme dans la marche directe, le tact des coudes doit toujours se prendre du côté du guide : ainsi chaque homme doit tenir légèrement au coude de son voisin de côté.

244. La marche oblique du côté opposé à

guide, étant beaucoup plus difficile que du côté du guide, l'instructeur recommandera de redoubler d'attention toutes les fois qu'on obliquera ainsi.

245. Lorsque ces divers principes seront devenus familiers aux hommes de recrue, et qu'ils seront bien affermis dans la position du corps, le port-d'armes, le mécanisme, la longueur et la vitesse du pas ordinaire, l'instructeur les fera passer du pas ordinaire au pas accéléré, et du pas accéléré au pas ordinaire, en observant de ne les faire marcher obliquement au pas accéléré que quand ils seront bien affermis dans la cadence de ce pas.

246. La longueur du pas accéléré, soit direct, soit oblique, sera la même que celle du pas ordinaire; mais sa vitesse sera de cent pas par minute.

247. Le rang étant en marche au pas ordinaire, l'instructeur commandera :

1. *Pas accéléré.*

2. MARCHE.

248. Au commandement de *marche*, qui sera fait sur l'un ou l'autre pied indistinctement, le rang prendra le pas accéléré.

249. Lorsque l'instructeur voudra faire reprendre le pas ordinaire, il commandera :

1. *Pas ordinaire.*

2. MARCHE.

10

250. Au commandement de *marche*, qui sera fait indistinclement sur l'un ou l'autre pied, le rang reprendra le pas ordinaire.

251. Le rang étant en marche l'instructeur l'arrêtera par les commandemens et les moyens prescrits nos 37 et 38.

252. Si le rang marche au pas accéléré, le commandement de *halte* sera fait un instant avant que le pied soit prêt à poser à terre.

253. Le rang étant en marche au pas accéléré, l'instructeur lui fera quelquefois *marquer* et *changer la pas* : Il le fera également ment passer du pas direct au pas oblique et réciproquement, en se conformant à ce qui a été prescrit nos 243 et suivans.

254. La marche au pas accéléré s'exécutera d'après les mêmes principes qu'au pas ordinaire; mais, l'impulsion du pas accéléré disposant le soldat à s'abandonner, l'instructeur s'attachera à bien régler la cadence de ce pas et à habituer le soldat à conserver toujours l'aplomb du corps ainsi que la régularité du pas.

255. Le rang étant de pied ferme, l'instructeur lui fera marcher le pas en arrière; à cet effet il commandera:

1. *Peloton en arrière.*

2. *Guide à gauche* (ou à droite).

3. MARCHE.

256. Au commandement de *marche*, les soldats retireront vivement le pied gauche en

arrière et le porteront à la distance de trente-trois centimètres (un pied), à compter d'un talon à l'autre, et ainsi de suite jusqu'au commandement de *halte*, qui sera toujours précédé de celui de *peloton*. Les soldats s'arrêteront à ce commandement, en rapportant le pied qui est en avant à côté de l'autre.

257. L'instructeur veillera à ce que les hommes ne s'appuient pas sur leurs voisins qu'ils se portent droit en arrière, et que l'aplomb ainsi que la position du corps et de l'arme soient toujours conservés.

Observation relative à la seconde leçon.

258. Cette leçon devant être exécutée au port-d'armes, l'instructeur, afin de ne pas trop fatiguer les soldats et pour les empêcher de se négliger sur la position, fera arrêter le rang de temps à autre, et le fera reposer sur les armes.

TROISIÈME LEÇON.
Marche de flanc.

259. Le rang étant de pied ferme et correctement aligné, l'instructeur fera les commandemens suivans:

1. *Par le flanc droit* (ou *gauche*.)
2. A DROITE (OU A GAUCHE.)
3. *Peleton en avant,*
4. MARCHE.

260. Au second commandement, le rang fera à droite ou à gauche.

261. Au commandement de *marche*, il partira vivement du pied gauche au pas ordinaire.

262. L'instructeur placera un homme bien dressé à côté du soldat qui est en tête du rang pour régler son pas et le conduire, et sera recommandé à ce soldat de marcher toujours coude à coude avec l'homme qui doit le diriger.

263. L'instructeur fera observer dans la marche de flanc les règles suivantes :
Que le pas s'exécute d'après les principes prescrits,

Parce que ces principes, sans lesquels les hommes placés à côté des uns des autres sur un même rang ne sauraient conserver de l'ensemble en marchant, sont encore plus indispensables à observer lorsqu'on marche en file ;

Qu'à chaque pas, le pied de l'homme qui précède soit remplacé par celui de l'homme qui suit,

Afin que les files ne puissent pas s'ouvrir ;

Que le soldat ne ploie pas les genoux, pour éviter de marcher sur les talons de l'homme qui le précède ,

Parce que s'il ployait les genoux, la cadence du pas et la distance entre les files se perdraient ;

Que la tête de l'homme qui précède immédiatement chaque soldat lui cache celles de tous ceux qui sont devant lui,

Parceque c'est la règle la plus sûre qu'on puisse donner pour se maintenir exactement derrière son chef de file.

L'instructeur se placera habituellement à cinq ou six pas sur le flanc des hommes qu'il instruit, pour veiller à l'observation des principes prescrits ci-dessus; il se portera aussi quelquefois derrière le rang, s'arrêtera et lui laissera parcourir quinze ou vingt pas, afin d'observer si les hommes se maintiennent exactement derrière leurs chefs de file.

265. Lorsque l'instructeur voudra arrêter le rang marchant par le flanc et le remettre face en tête, il commandera :

1. *Peloton*.
2. HALTE.
3. FRONT.

266. Au second commandement, le rang s'arrêtera, et aucun homme ne bougera plus quand même il aurait perdu sa distance: cette attention est nécessaire pour habituer les soldats à conserver toujours leurs distances.

267. Au troisième commandement, chaque homme se remettra face en tête par un à gauche, si l'on a marché par le flanc droit, et par un à-droite, si l'on a marché par le flanc gauche.

268. Lorsque les hommes auront acquis

l'habitude de la marche de flanc, l'instructeur les exercera à changer de direction par file : à cet effet, il commandera :

1. *Par file à gauche* (ou *à droite*).

2. MARCHE.

269. Au second commandement, le premier homme du rang changera de direction à gauche ou à droite, et marchera ensuite droit devant lui, chaque homme viendra successivement changer de direction à la même place que le premier.

270. L'instructeur fera aussi exécuter les à-droite et les à-gauche en marchant ; à cet effet, il commandera :

1. *Peloton par le flanc gauche* (ou *droit*).

2. MARCHE.

271. Au second commandement, qui sera fait un peu avant que l'un ou l'autre pied indifféremment près de poser à terre, les soldats tourneront le corps, poseront le pied qui est levé dans la nouvelle direction, et partiront de l'autre pied sans altérer la cadence du pas.

272. Lorsque les hommes auront acquis de l'aisance et de la facilité dans la marche de flanc, l'instructeur les exercera à la marche de flanc au pas accéléré : cette leçon leur rendra plus sensible la nécessité qu'il y a de bien emboîter le pas en marchant par le flanc,

et de conserver la cadence ainsi que l'aplomb du corps.

Observation relative à la troisième leçon.

273. Cette leçon sera comme celle qui précède, exécutée au port-d'armes; mais lorsque l'instructeur voudra reposer les soldats, il leur fera porter l'arme au bras, et il exigera d'eux que, dans cette position, ils marchent avec autant de régularité qu'au port-d'armes.

QUATRIÈME LEÇON.

Conversions.

PRINCIPES GÉNÉRAUX DES CONVERSIONS.

274. Les conversions sont de deux espèces: les conversions de pied ferme, et les conversions en marchant.

275. Les conversions de pied ferme ont lieu pour faire passer une troupe de l'ordre en bataille à l'ordre en colonne, ou de l'ordre en colonne à l'ordre en bataille.

277. Les conversions en marchant ont lieu dans les changemens de direction en colonne, toutes les fois que ce mouvement s'exécute du côté opposé au guide.

277. Dans les conversions de pied ferme, l'homme qui est au pivot de la conversion ne

fail que tourner sur place, sans avancer ni reculer.

278. Dans les conversions en marchant, l'homme qui est au pivot fait le pas de vingt-deux centimètres (huit pouces), afin de dégager le point de la conversion, ce qui est nécessaire pour que les subdivisions d'une colonne puissent changer de direction sans perdre leurs distances, ainsi qu'il sera expliqué à l'école de peloton.

179. Dans l'un et l'autre cas, l'homme qui est à l'aile marchante, doit toujours faire le pas de deux pieds.

280. Le mouvement de tourner à droite ou à gauche n'a lieu que dans les changemens de direction en colonne du côté du guide, et il faut bien se garder de confondre ce mouvement avec les conversions en marchant.

Conversion de pied ferme.

281. Le rang étant de pied ferme, l'instructeur placera un homme bien dressé à l'aile qui devra marcher, pour la conduire, et commandera :

1. *Par peloton à droite, marche.*

2. MARCHE :

282. Au second commandement, les soldats partiront du pied gauche, et tourneront en même temps la tête un peu à gauche, les yeux fixés sur la ligne des yeux des hommes

qui sont à leur gauche ; l'homme, qui est au pivot, ne fera que marquer le pas, en se conformant au mouvement de l'aile marchante ; l'homme qui conduit cette aile marchera le pas de deux pieds, avancera un peu l'épaule gauche dès le premier pas, jetera de temps en temps les yeux sur le rang, et sentira toujours le coude de l'homme qui est à côté de lui, mais légèrement et sans jamais le pousser.

283. Les autres soldats sentiront légèrement le coude de leur voisin du côté du pivot, résisteront à la pression qui vient du côté opposé, et se conformeront au mouvement de l'aile marchante, en faisant le pas d'autant plus petit qu'ils seront plus près du *pivot*.

284. L'instructeur fera parcourir une ou deux fois le tour du cercle avant d'arrêter le rang, afin de faire mieux sentir les principes ; il veillera avec soin à ce que le centre ne crève pas.

285. Il fera converser à gauche d'après les mêmes principes.

286. Lorsque l'instructeur voudra arrêter la conversion, il fera des commandemens suivans :

1. *Peloton.*

2. HALTE.

287. Au commandement de *halte*, le rang s'arrêtera, et aucun homme ne bougera plus. L'instructeur, se portant à l'aile opposée au

pivot, placera les deux premiers hommes de cette aile dans la direction qu'il voudra donner au rang, ayant soin de ne laisser entre eux et le pivot, que l'espace nécessaire pour y encadrer tous les autres : il commandera ensuite :

8. *A gauche* (ou *à droite*) ALIGNEMENT.

278. A ce commandement, le rang se placera sur l'alignement des deux hommes qui doivent servir de base, en se conformant aux principes prescrits.

289. L'instructeur commandera ensuite FIXE, ce qui sera exécuté comme il a été prescrit au n° 228.

Observations relatives aux principes des conversions de pied ferme.

290. Tourner un peu la tête du côté de l'aile marchante, et fixer les yeux sur la ligne des yeux des hommes qui sont de ce côté,

Parce que sans cette attention, il serait impossible au soldat de régler la longueur de son pas de manière à se conformer au mouvement de l'aile marchante.

Tenir légèrement au coude de son voisin du côté du pivot,

Afin que les files ne s'ouvrent pas en conversant;

Résister à la pression qui vient du côté de l'aile marchante,

Parce que, si on négligeait ce principe, le pivot, qui doit être un point fixe dans les conversions de pied ferme, pourrait être rejeté hors de sa place par la pression.

Conversion en marchant.

291. Lorsque les hommes de recrue exécuteront bien des conversions de pied ferme, on les exercera à converser en marchant.

292. A cet effet, le rang étant en marche, lorsque l'instructeur voudra lui faire changer de direction du côté opposé au guide, il fera les commandemens suivans :

1. *A droite* (ou *à gauche*), *conversion.*

2. MARCHE.

293. Le premier commandement sera fait lorsque le rang sera à quatre pas du point de conversion.

294. Au second commandement, la conversion s'exécutera de la même manière que de pied ferme, excepté que le tact des coudes restera du côté du guide, au lieu de se prendre du côté du pivot ; que l'homme qui est au pivot, au lieu de tourner sur place, se conformera au mouvement de l'aile marchante, sentira légèrement le coude de son voisin fera le pas de vingt-deux centimètres (huit pouces), et gagnera ainsi du terrain en avant, en décrivant une petite courbe de manière à dégager le point de conversion ; le milieu du rang cintrera un peu en arrière Aussitôt que le mouvement commencera ;

l'homme qui conduit l'aile marchante jetera les yeux sur le terrain qu'il doit parcourir.

295. La conversion étant achevée, l'instructeur commandera.

1. *En avant.*

2. MARCHE.

296. Le premier commandement sera prononcé lorsqu'il restera quatre pas à faire pour que la conversion soit achevée.

297. Au commandement de *marche*, qui sera fait à l'instant où la conversion sera achevée, l'homme qui conduit l'aile marchante se dirigera droit en avant : l'homme qui est au pivot et tout le rang reprendront le pas de deux pieds et replaceront la tête directe.

Changer de direction du côté du guide.

298. Les changemens de direction du côté du guide s'exécuteront ainsi qu'il suit ; l'instructeur commandera :

1. *Tournez à gauche* (ou *à droite*).

2. MARCHE.

299. Le premier commandement sera fait lorsque le rang sera à quatre pas du point où il doit changer de direction.

300. Au commandement de *marche*, qui sera prononcé à l'instant où le rang devra tourner, le guide fera à-gauche ou à-droite en marchant, et se prolongera dans la nouvelle direction, sans ralentir ni accélérer la cadence, sans alonger ni raccourcir la

mesure du pays. Tout le rang se conformera promptement, mais sans courir, à la nouvelle direction ; à cet effet, chaque homme avancera l'épaule opposée au guide, prendra le pas accéléré pour se porter dans la nouvelle direction, tournera la tête et les yeux du côté du guide et joindra le coude de son voisin du même côté, en se plaçant sur l'alignement du guide, dont il prendra le pas, il replacera ensuite la tête et les yeux dans la position directe. Chaque homme arrivera ainsi successivement sur l'alignement du guide.

Observation relative à la quatrième leçon.

301. On ne fera usage dans cette leçon que du pas ordinaire. L'instructeur, afin de ne pas fatiguer les soldats et de ne pas diviser leur attention, leur fera exécuter sans armes les divers mouvemens dont cette leçon se compose, jusqu'à ce qu'ils en connaissent bien le mécanisme.

FORMER LES FAISCEAUX.

302. Les hommes étant formés sur trois rangs, l'instructeur les fera reposer sur les armes, puis il commandera :

Former — LES FAISCEAUX.

303. À ce commandement, l'homme du premier rang de chaque file passera son arme devant lui la saisissant avec la main gauche au-dessus de la grenadière, et pla-

cera la crosse en arrière et près du pied droit de l'homme qui est à sa gauche, le canon tourné en avant. En même temps, l'homme du second rang ; celui-ci la saisira avec la main droite à cinq centimètres (deux pouces) au-dessus de la grenadière, portera la crosse à quatre-vingt-deux centimètres (deux pieds six pouces) en avant du premier rang, vis-à-vis son épaule droite, inclinant vers soi le bout du fusil, et croisera les baïonnettes des deux armes. L'homme du troisième rang passera son arme à celui du second rang, qui la recevra de la main droite au-dessus de la capucine ; la penchera en avant, la placera en dehors, et introduira la baïonnette en s'aidant de la main gauche, entre et sous les branches des baïonnettes des deux autres armes. Il l'abandonnera alors à l'homme du premier rang, qui la saisira avec la main droite, au-dessous de la grenadière, la passera en avant du rang en soulevant son arme et le faisceau avec la main gauche, et placera la crosse entre les pieds de l'homme qui est à sa droite.

304. Les hommes de trois rangs ayant pris la position du soldat sans arme, l'instructeur commandera :

1. *Rompez vos rangs.*

2. MARCHE.

Rompre les faisceaux.

305. Les trois rangs s'étant refermés en

arrière , de leurs faisceaux , l'instructeur
commandera :

Rompez — LES FAISCEAUX

306. A ce commandement, l'homme du
premier rang de chaque file saisira son arme
avec la main gauche et celle de l'homme du
second rang avec la main droite, toutes deux
au-dessus de la grenadière ; l'homme du second rang portera le pied droit en avant, le
milieu du pied à hauteur du talon droit de
l'homme du premier rang , et saisira l'arme
du troisième rang avec la main droite au dessus de la grenadière : au même instant ces
deux hommes soulèveront le faisceau pour
le rompre ; l'homme du second rang passera
l'arme de l'homme du troisième rang à ce
dernier ; celui du premier rang en fera de
même à l'égard de l'homme du second rang,
et les trois rangs prendront la position du
soldat reposé sur l'arme.

Observations.

307. Si les hommes sont sur deux rangs,
on formera les faisceaux de la manière suivante :

308. L'homme du premier rang de chaque
file paire exécutera ce qui a été indiqué
nº 303, pour celui du premier rang d'une file
sur trois rangs. L'homme du premier rang
de chaque file impaire passera son arme à
l'homme qui est à sa gauche, qui la placera

comme il a été dit pour l'arme du second rang. L'homme du second rang de la file paire penchera son arme en avant, et introduira la baïonnette entre celles des deux autres armes. L'homme du premier rang la placera comme il a été prescrit pour l'arme du troisième rang d'une file sur trois rangs. Le faisceau formé, l'homme du second rang de la file impaire passera son arme dans la main gauche, le canon en avant, et la placera sur le faisceau en l'inclinant.

309. Lorsqu'on voudra faire rompre les faisceaux, l'homme du second rang de chaque file impaire retirera son arme du faisceau ; celui du premier rang de la file paire saisira le sienne avec la main gauche, et celle de l'homme du premier rang de la file impaire avec la main droite, l'homme du second rang de la file paire saisira son arme de la main droite à la grenadière : ces deux hommes soulèveront le faisceau pour le rompre ; l'homme du premier rang de la file impaire reprendra son arme de la main de son voisin de gauche, et les quatre hommes prendront la position du soldat reposé sur l'arme.

Paris. — Imp. de BEAULÉ, r. François Miron, 8.

INSTRUCTION

SUR

L'ENTRETIEN DES ARMES

à percussion.

L'entretien des armes, dans les corps, comprend trois parties qui sont distinctes, savoir : le DÉMONTAGE et le REMONTAGE, le NETTOYAGE, et le GRAISSAGE.

PARIS.

Chez BLOT,

IMPRIMEUR-LITHOGRAPHE,

Place de l'Hôtel-de-Ville, 33

1842.

ORDRE DANS LEQUEL ON DOIT DEMONTER

LA PLATINE (LE CHIEN ÉTANT ABATTU)

LE FUSIL PERCUTANT D'INFANTERIE pour le nettoyer (1).	du fusil à pierre d'infanterie transformé au système percutant.	du fusil percutant d'infanterie modèle 1840.
1. La baïonnette.	1. La vis du grand ressort.	1. Le ressort (5).
2. La baguette.	2. Le grand ressort (5).	2. Les deux vis de bride.
3. Les 2 grandes vis de platine (2).	3. La vis du ressort de gâchette (6).	3. La vis de bride
4. Le porte-vis.	4. Le ressort de gâchette.	4. La gâchette.
5. La platine.	5. La vis de la gâchette	5. La vis de noix
6. La goupille du battant de sous-garde (3).	6. La gâchette.	6. La noix (7)
7. Le battant de sous-garde.	7. La vis de bride.	7. Le chien.
8. Le pontet.	8. La bride	8. La chaînette.
9. L'embouchoir.	9. La vis de noix.	
10. La grenadière.	10. La noix.	
11. La vis de culasse.	11. Le chien.	
12. La capucine.		
13. Le canon (4).		
14. La vis de l'écusson.		
15. L'écusson.		
16. La vis de la détente.		
17. La détente.		

(1) L'ordre que l'on indique ici est le même pour le fusil à pierre d'infanterie transformé au système percutant, et pour le fusil percutant d'infanterie, modèle 1840.

(2) Au fusil percutant modèle 1840, il n'y a qu'une seule grande vis de platine, et le porte-vis y prend le nom de rosette.

(4) On se sert pour l'ôter du chasse-goupille. Lorsqu'on la remet en place, on a soin de la diriger de manière que la tête arrive bien dans son encastrement.

(4) Pour détacher le canon, renverser l'arme dans la main gauche, la sous-garde en dessus, la bouche du canon vers la terre ; frapper avec la main droite sur la poignée jusqu'à ce que le canon soit dégagé de son canal, et le maintenir avec les doigts de la main gauche jusqu'à ce que la main droite l'enlève tout à fait.

(5) On l'ôte à l'aide d'une pression qu'on fait avec le monte-ressort : on le remet par une opération inverse quand il s'agit de remonter la platine.

(6) Avant de la retirer entièrement, ou frappe sur le cul du ressort, de manière à faire sortir le pivot de son encastrement.

(7) Il faut la repousser avec le chasse-noix.

Nota. — En démontant la platine, la pression du monte-ressort doit être arrêtée aussitôt que le chien peut ballotter, et quand on la remonte il faut que la pression du monte-ressort soit analogue, c'est-à-dire qu'il suffit de rapprocher assez les branches du ressort pour qu'il puisse être mis en place, le chien étant abattu.

On remonte le fusil dans un ordre inverse, c'est-à-dire en commençant par les numéros 17, 16, 15, 14, etc.

On remonte aussi la platine en commençant par les derniers numéros, mais dans l'ordre suivant :

Platine du fusil à pierre transformé au système percutant, numéros 10, 11, 9, 8, 7, etc.

Platine de fusil percutant modèle 1840, numéros 8, 6, 7, 5, 4, etc.

Pour reconnaître les vis de chacune de ces platines, on observera que la vis de noix a la tête d'un plus grand diamètre que les autres ; les quatre autres vis de la première platine suivent cet ordre de longueur, en commençant par la plus courte :

1. Vis du grand ressort.
2. Vis du ressort de gâchette.
3. Vis de bride.
4. Vis de gâchette.

Les deux autres vis de la deuxième platine ont même longueur, mais leur grosseur est différente. La moins grosse est placée au-dessus de l'autre dans la platine.

Les deux grandes vis de platine du

fusil à pierre transformé au système per-cutant ont même grosseur mais ne sont pas égales en longueur. Celle du devant est la plus longue : elle a une petite en taille à son extrémité qui sert à la faire reconnaître. En remontant la platine de ce fusil particulièrement, on doit mettre toutes les vis à fond, sans trop les ser-rer, surtout celle de la gâchette, parce qu'il en résulte des frottements qui di-minuent l'action des ressorts, et par con-séquent l'effet de la platine.

On doit éviter également de trop ser-rer la vis de détente lorsqu'on remonte la sous-garde.

La plaque de couche, les ressorts des garnitures et la bague de la baïonnette doivent toujours être nettoyés en place. On n'aura donc jamais à ôter les vis de *plaque* ni la vis de bague. Il est néces-saire que cette dernière vis soit toujours bien à fond, afin que la bague exerce toute son action sur le tenon, et main-tienne solidement en place la baïonnette lorsqu'elle est au bout du canon.

Les soldats ne doivent démonter les pièces de la platine, ni ôter la sous-garde que sur l'ordre d'un sous-officier, qui fait exécuter cette opération lorsqu'il la juge nécessaire (article 54 du réglement), ce qui ne doit avoir lieu que très-rarement.

On ne doit démonter la culasse que pour retirer une balle qui se trouverait foncée dans le canon, et, dans ce cas, cette opération ne doit être exécutée que par le maître armurier.

On démontera la cheminée à l'aide de la clef destinée à cet usage, et seulement lorsqu'il sera nécesaire de la remplacer, ou lorsqu'on devra laver le canon.

NETTOYAGE.

PIÈCES EN FER.

Lorsque les pièces seront fortement rouillées, on emploiera pour les nettoyer de l'émeri pulvérisé et de l'huile d'olive. on frottera avec des curettes de bois tendre. A défaut d'émeri, on se servira de grès pulvérisé, tamisé et humecté d'huile; pour des taches légères, on fera usage de brique brûlée, pulvérisée, tamisée humectée d'huile.

Lorsqu'on opérera sur le canon ou sur la lame du sabre, on les posera à plat sur

un banc ou sur une table pour les empê-
her de se courber.

A près les feux, le nettoyage intérieur
du canon se fera la cheminée étant reti-
rée ; dans le service ordinaire, ce canon
devra être lavé tous les 50 coups environ, comme celui du fusil à pierre ; il se
démonte sans retirer la platine.

Pour laver le canon, le soldat prendra
une baguette de bois à laquelle il attachera un morceau de chiffon ; il la fera
entrer dans le tube après l'avoir rempli
d'eau, et il frottera jusqu'à ce que l'eau,
qu'il renouvellera plusieurs fois, en sorte
claire. Cette opération terminée, il ren-
versera le canon pour le laisser égout-
ter; et à l'aide de chiffons secs, il l'essuiera bien dans l'intérieur.

Il essuiera aussi avec soin le logement
de la cheminée et tout l'extérieur du
canon; il lavera la cheminée, et après
l'avoir bien essuyée et avoir séché son
canal en y faisant passer un brin de
ficelle, ou des brins de chiffon roulé,
il la remettra en place, avec l'attention
de passer la partie taraudée à la pièce
grasse, et de ne faire effort avec la
clef que lorsqu'il sentira que les filets

sont bien engrenés et que la cheminée marche sans la moindre résistance.

La platine n'exigera, en général, que le nettoyage de la tête du chien qui ne présente aucune difficulté, et qui devra s'effectuer sans sortir la platine du bois.

On essuiera toutes les pièces avec un linge après qu'elles auront été nettoyées, et on aura l'attention de ne jamais laisser dans les trous des vis, de l'émeri, de la brique, ni d'autres substances.

Le poli brillant ayant l'inconvénient dedétériorer les armes est prohibé.

PIÈCES EN CUIVRE.

On nettoiera le cuivre avec du tripoli ou de la brique pilée et un peu de vinaigre ou d'eau-de-vie. On frottera chaque pièce avec un linge on un morceau de drap, et non avec une brosse ou une curette. On aura soin de ne jamais les graisser.

..IRAGE POUR LA GIBERNE, LE FOURREAU DE SABRE ET LE FOURREAU DE BAÏONNETTE 1.

Composition :

Pour 5 kilogrammes, quantité suffi-
sant à l'entretien des effets d'une compagnie d'infanterie pendant un an

Cire jaune.	1ᵏ 50
Cire blanche (pour mitiger l'effet de la cire jaune qui est trop grasse). . . .	0 50
Essence de térébenthine. .	3 75
Noir d'ivoire.	0 80
Arcanson (espèce de résine employée pour obtenir un plus beau lustre). . . .	0 062
	6 312

MANIÈRE DE PRÉPARER LE CIRAGE.

On râpe toute la cire, on la met dans

---

un pot et l'on verse dessus assez d'essence pour qu'elle en soit couverte entièrement. On réduit ensuite l'arcanson en poudre, et on le soumet, dans un autre vase, à une préparation semblable à celle qu'a subie la cire. On couvre les deux vases pour que l'essence ne s'évapore pas, et on laisse reposer pendant 24 heures. Au bout de ce temps, on réunit dans un seul vase les deux dissolutions, on y ajoute le noir d'ivoire, et l'on remue le tout avec une spatule, en versant de l'essence peu à peu, jusqu'à ce que le mélange soit complet. On obtient ainsi une espèce de pommade assez liquide pour être employée facilement.

Pour en faire usage, on l'étend en petite quantité sur toutes les parties de la giberne ou du fourreau que l'on veut cirer; on laisse évaporer l'essence pendant 25 minutes; on frotte ensuite avec un morceau de drap fin et très-propre, en ayant soin de le conduire toujours dans le même sens. De cette manière on obtient sans beaucoup de peine un très-beau lustre.

OBJETS NÉCESSAIRES POUR L'ENTRETIEN DES ARMES.

Chaque soldat devra être pourvu pour l'entretien de son armement de :

Un tire-balle;
Un nécessaire d'armes complet;
Une pièce grasse, ou morceau de drap carré de 16 centimètres de côté;
Un morceau de vieux linge;
Deux petites boîtes de fer blanc, l'une pour la graisse, l'autre pour le cirage; giberne et à fourreau de sabre (2);
ne petite brosse douce à manche (elle ne doit servir que pour la platine. On l'enveloppera avec soin dans un linge pour la préserver de la poussière (3);
Un tampon en bois pour mettre au bout du canon, et deux autres tampons : l'un en buffle, l'autre en drap graissé pour mettre sur la cheminée;
Une baguette de bois (autant que possible), pour nettoyer l'intérieur du canon;

2 Ces boîtes sont de forme cylindrique; elles ont 56 millim. de hauteur et 42 millim. de diamètre.

3 Cette brosse doit être douce, afin que, lorsqu'on s'en sert pour graisser l'intérieur de la platine, elle laisse sur toutes les pièces l'onctuosité convenable. Cette onctuosité doit être bien apparente.

Douze brosses coûtent 1 franc 50 centimes, chez Michaélis, rue du Faubourg-Saint Antoine, n. 174.

Des curettes de bois tendre ou des brosses rudes.

Tous les objets indiqués ci-dessus doivent être placés sur le lit avec les armes, le samedi pour qu'on en fasse la visite. Le canon et la platine sont détachés du bois, et le sabre est hors du fourreau.

Chaque sergent chef de subdivision, fait marcher la platine pour s'assurer que les ressorts ont assez de force, et que les crans de la noix, ainsi que le bec de la gachette, sont en bon état, et voit si toutes les pièces de l'arme sont convenablement nettoyées et graissées.

Il examine aussi avec soin chacune des pièces du nécessaire d'armes, *particulièrement la lame du tourne-vis*, et fait connaître au lieuteuant chef de section celles qui ont besoin d'être réparées ou remplacées. On remonte les armes après que la visite est terminée.

GRAISSAGE.

On se servira, pour graisser les armes, d'huile d'olive et de graisse de mouton, dont on fera un mélange ainsi qu'il est dit ci-après :

MANIÈRE DE PRÉPARER LA GRAISSE.

On prendra un demi - kilogramme d'huile d'olive de bonne qualité, et un quart de kilogramme de graisse de mouton ; on fera fondre la graisse, on la fera passer à travers un linge un peu clair, et on la mêlera immédiatement après avec l'huile. On obtiendra une espèce de pommade qu'on recouvrira avec soin pour la préserver de la poussière.

EMPLOI DE LA GRAISSE

Après que l'arme aura été démontée et nettoyée, on prendra chacune des pièces séparément, et on opérera de la manière suivante :

FUSIL.

Bayonnette et baguette. — Après avoir étendu un peu de graisse sur la pièce grasse, le soldat la passera plusieurs fois dans la douille de la bayonnette, et mettra ensuite une goute d'huile à la bague ; il frottera aussi la baguette avec la pièce grasse, et particulièrement la partie taraudée

Canon. — Le canon étant exempt de rouille à l'intérieur comme à l'extérieur, le soldat prendra sa baguette de bois et fixera à l'un des bouts un morceau de linge imprégné de graisse ; il passera plusieurs fois cette baguette dans le canon, et le frottera ensuite extérieurement avec la pièce grasse.

Embouchoir, grenadière et cupucine. — Ces pièces devront être graissées intérieurement comme la douille de la bayonnette.

Platine, porte-vis et grandes vis. — Si la platine est propre, et n'a pas été démontée, on se servira, pour la graisser intérieurement, de la petite brosse à manche, sur laquelle on mettra un peu de graisse ; on frottera la brosse sur la pièce grasse et on la fera passer plusieurs fois de suite dans l'intérieur de la platine, en ayant soin auparavant de mettre le chien au bandé, pour que les crans de la noix soient bien atteints par la brosse.

Chaque fois qu'on démontera la platine pour la nettoyer, on aura soin, avant de la remonter, de frotter toutes les pièces avec la pièce grasse ; et principalement ia partie taraudée des vis, l'arbre et le pivot de la noix.

Le dessous du porte-vis sera graissé comme la platine; les deux grandes vis devront être frottées avec la pièce grasse, ainsi que la vis de culasse.

Sous-garde. — Lorsqu'un officier aura reconnu que la sous-garde ne peut être nettoyée en place, le soldat la détachera du bois, il enlèvera la rouille comme à l'ordinaire avec un peu d'émeri et d'huile, et graissera le dessous de l'écusson ainsi que la détente.

Bois. — On frottera avec la pièce grasse la partie du bois qui sert de logement au canon, ainsi que le ressort de la baguette. *On ne graissera pas l'encastrement de la platine.*

Toutes les pièces de l'arme ayant été préparées comme il vient d'être dit, on les remettra en place et le tampon au bout du canon. On mettra aussi le tampon en drap sur la cheminée, et on fera reposer le chien dessus.

Le graissage qu'on vient d'indiquer devra être fait tous les samedis. Avant de le commencer, on aura soin d'enlever avec un linge la graisse qu'on aura mise précédemment dans l'intérieur de la platine. Lorsque le soldat devra se servir de son fusil, il l'essuiera avec un linge sec ; il devra aussi l'essuyer avec soin immédiatement après qu'il s'en sera servi, de manière à enlever toute humidité aux pièces en fer; il passera ensuite la pièce grasse sur ces pièces afin qu'elles soient *un peu onctueuse extérieurement*; cette onctuosité ne devra être distinguée que par la couleur blanc mat qu'elle donnera au fer. C'est dans cet état que l'arme doit toujours être lorsqu'elle est placée au ratelier de la chambre

Avant chaque exercice, le soldat mettra une goutte d'huile à la bague de la bayonnette, et passera la pièce grasse dans la douille.

Pour les armes déposées dans le magasin du corps, le graissage extérieur doit être un peu plus fort que pour les armes placées dans la chambre.

SABRE.

Lame. — Après que la lame du sabre aura été bien nettoyée, il suffira, pour empêcher qu'elle ne se rouille dans le fourreau, de la frotter de temps en temps avec la pièce grasse.

Fourreau. — Pour entretenir le fourreau, on fera usage du cirage dont on a donné la composition ci-contre, et non de cire dure. Cette dernière, qu'on ne parvient à étendre qu'en la chauffant, forme sur le cuir qu'elle dessèche une croûte épaisse qui s'écaille et coupe le fourreau, ce qui oblige à le mettre hors de service longtemps avant qu'il ait atteint le terme de sa durée.

On aura soin de frotter de temps en temps la couture avec la pièce grasse ou avec un linge imbibé d'huile; on l'essuiera ensuite avec un linge sec; on fera de même pour le fourreau de bayonnette.

Lorsqu'un fourreau en cuir a été mouillé, il faut en retirer la lame et le faire sécher sans le chauffer; après quoi on passe la lame à la pièce grasse avant de la remettre dans son fourreau.

En se conformant à ce qui vient d'être dit sur la manière d'entretenir les armes, on empêchera que les pièces en fer ne se rouillent; l'onctuosité qui recouvrira celles de l'intérieur de la platine ne formera pas, comme l'huile, une espèce de cambouis qu'on ne parvient souvent à enlever qu'en la démontant . les soldats auront très-rarement besoin de faire usage du monte-ressort ; et ils ne se serviront ordinairement du tourne-vis que pour ôter la vis de culasse et les deux grandes vis de platine, lorsqu'on voudra s'assurer que toutes les pièces de l'arme sont en bon état et lorsqu'il sera nécessaire de renouveler la graisse.

FIN.

TARIF

Des Prix de Réparations des armes à percussion actuellement entre les mains des troupes, et qui doivent être exécutées dans les Corps par les Maîtres armuriers.

(Annexé au Tarif du 14 septembre 1837).

NOTA.—On n'a porté sur ce tarif que les prix des réparations des pièces d'armes qui diffèrent, en raison de l'adoption du système percutant, des autres pièces des armes à silex. On trouvera les prix des réparations des pièces qui n'ont pas été changées au tarif du 14 septembre 1837.

		F.	C.
CANON.	En fournir un neuf avec sa culasse (queue non percée), sa hausse, et sans cheminée, pour. . . . . { fusil d'infanterie transformé. .	13	80
	fusil d'infanterie, modèle 1840.	13	85
	carabine de munition.	19	25
	fusil de rempart allégé. . . .	23	35

CANON.

En fournir un neuf avec sa culasse (queue non percée), sa hausse, et sans cheminée, pour. . . . .

- fusil d'infanterie transformé. . 13 80
- fusil d'infanterie, modèle 1840. 13 85
- carabine de munition. 19 25
- fusil de rempart allégé. . . . 23 35

Fournir et braser un tenon à la carabine de munition et rempart. 0 50

Fournir et braser un guidon au fusil d'infanterie, carabine et rempart. 0 30

Nota. L'opération de relever les enfoncemens et redresser le canon aux armes rayées, ne peut s'exécuter qu'en manufacture.

Culasse. . . . Percer la queue. 0 10

Nota. Les autres opérations concernant la culasse, ne peuvent s'exécuter qu'en manufacture.

Cheminée {	En fournir une neuve.	0 80
	L'ajuster sur la culasse.	0 05
	En retirer une cassée dans son trou.	0 15
	La réparer.	0 05
Hausse. {	En fournir une pour { fusil d'infanterie.	0 05
	{ carabine de munition et fusil de rempart. .	2 40
	La poser et achever { fusil d'infanterie.	0 25
	aux. . . . . . . { carabine de munition et fusil de rempart.	0 35
	Fournir un pied limé pour carabine de munition et fusil de rempart.	1 00
	L'ajuster.	0 35
	Fournir une pièce mobile ou planche pour carabine de munition et fusil de rempart.	0 70
	L'ajuster sur le pied et sur le ressort.	0 35
	Fournir une pièce mobile avec ressort ajusté, pour carabine et fusil de rempart.	1 00
	Ajuster sur le pied.	0 45
	Fournir un ressort non trempé, pour carabine et fusil de rempart.	0 40
	Ajuster le ressort et le tremper idem.	0 65

	F.	c.
HAUSSE.		
Fournir une goupille pour carabine et fusil de rempart. . . .	0	05
L'ajuster.	0	05
Fournir une vis.	0	05
L'ajuster.	0	05
SABRE-BAÏONNETTE.		
Fournir un complet pour { carabine de munition.	12	95
{ fusil de rempart.	13	20
Fournir une lame pour carabine de munition et fusil de rempart.	3	85
L'ajuster sur la monture.	0	55
Fournir une monture complète pour { carabine de munition.	4	25
{ fusil de rempart. . .	4	50
Fournir un ressort de monture pour carabine de munition et fusil de rempart.	0	25
L'ajuster, idem.	0	10
Fournir un repoussoir en acier, idem.	0	60
L'ajuster.	0	05
Fournir une vis de ressort en acier, idem.	0	05
L'ajuster, idem.	0	05

Fournir un fourreau complet, idem. 4 20
Fournir un bout ou bouton de fourreau, idem. 0 05
Le braser sur le fourreau (le bout), (opération fort délicate,
 parce qu'il faut éviter de débraser le fourreau). 0 25
Fournir un ressort de fourreau. 0 30
L'ajuster. 0 10
Fournir un pontet. 0 10
Ajuster et river (compris le déplacement de la batte). 0 25
 (Si la batte, du côté du pontet, était elle-même à remplacer,
  ajuster et river le pontet ne serait alors que 20 centimes.)
Fournir une batte. 0 50
L'ajuster. 0 05
Ajuster le sabre-baïonnette sur le canon. 0 10

Nota. Les autres réparations seront payées comme au sabre de
cavalerie. (Voir le tarif du 14 septembre 1837.)

BA-GUETTE { En fournir une pour { carabine de munition. 1 60
 { fusil de rempart. 2 15
 L'ajuster. 0 05

		F.	C.
PLATINE.	En fournir une complète (non trempée) pour. . { fusil modèle 1840, carabine et rempart.	6	15
	fusil transformé. .	6	30
Corps. . . . {	En fournir un limé, percé et taraudé pour. . . . { fusil 1840.	0	85
	fusil transformé. . .	0	90
	Ajuster les pièces dessus au { fusil 1840.	0	60
	fusil transformé. .	0	70
	Le relimer.	0	10
	Le recuire pour ôter la rouille.	0	05
Chien. . . . {	En fournir un limé, la tête non fraisée (pour modèle 1840, et transformé.	1	45
	L'ajuster sur la platine.	0	30
	Le recuire pour ôter la rouille et l'adoucir. . .	0	15
	Faire tomber sur la cheminée, fraiser la tête et la relimer.	0	25
	Cadriller la tête.	9	1

Noix.	En fournir une limée.	0 80
	L'ajuster, compris l'ajustage de la chaînette.	0 25
	Retailler.	0 10
	La retarauder.	0 05
Chaînette.	En fournir une limée.	0 20
	L'ajuster sur la noix de la platine.	0 05
Gâchette.	En fournir une pour modèle 1840, rodée et limée.	0 50
	L'ajuster ou retailler.	0 25
Bride.	En fournir une pour modèle 1840, préparée.	0 35
	L'ajuster.	0 10
Ressort.	En fournir un limé pour modèle 1840.	0 85
	L'ajuster.	0 20
	Le retremper.	0 15
Pièce de bassinet.	En fournir un de forge.	0 10
	Limer, ajuster et tremper.	0 30
	L'ajuster et tremper seulement.	0 20
Boucher un trou d'ancienne vis eu corps de platine transformée.		0 05

			F.	c.
Embouchoir	En fournir un limé pour...	fusil modèle 1840 et transformé.	0	60
		carabine de munition.	0	80
		fusil de rempart.	0	75
	L'ajuster.		0	05
Grenadière avec battant pour..	carabine de munition et fusil de rempart.		0	75
	l'ajuster.		0	05
Plaque de couche.	En fournir une pour fusil de rempart.		4	05
	L'ajuster.	une pleine.	0	10
		une creuse.	0	25

Nota. La plaque de couche de la carabine de munition est comme celle du fusil d'infanterie.

			F.	c.
Rosette pour.	fusil modèle 1840, carabine de munition et fusil de rempart.		0	20
	L'ajuster.		0	05

Sous-garde.				
En fournir une complète pour	fusil d'infanterie transformé.		2	2b
	fusil modèle 1840.		2	45
	carabine de munition.		2	20
	fusil de rempart.		2	80
L'ajuster.			0	10
Écusson	En fournir un limé pour.	modèle 1840 et carabine de munit.	1	10
		fusil de rempart.	1	60
	L'ajuster.		0	10
Détente.	En fournir une pour	fusil transformé.	0	20
		modèle 1840, carabine et rempart.	0	35
	L'ajuster.		0	10
Pontet.	En fournir un pour	carabine de munition.	0	60
		fusil de rempart.	0	75
	L'ajuster.		0	05
Vis de pontet.	La fournir.		0	05
	L'ajuster.		0	05

			F.	C.
GARNITURE.	Battant de crosse, en fournir un.	Complet.	0	55
		Embas seulement.	0	85
		Anneau et son rivet.	0	15
		L'ajuster.	0	05
		Vis (chaque).	0	05
	Vis crochet de platine.	En fournir une.	0	10
		L'ajuster.	0	05
Fournir une clef pour cheminée.			0	85

APPROUVÉ LE PRÉSENT TARIF.

Paris, le 8 mars 1842.

Le Président du Conseil, Ministre Secrétaire d'État de la guerre,

Signé : MARÉCHAL, DUC DE DALMATIE.

AVIS.

Les trois instructions réunies dans cette brochure ont été imprimées de manière à pouvoir être séparées.

TABLE DES MATIÈRES.

Paris. — Imprimerie de BRAULE, rue François Miron. N° 8.